わたしの小さな古本屋

田中美穂

筑摩書房

はじめに

岡山は、関東方面からみると、大阪より向こうで広島より手前にあります。お米がよくとれる瀬戸内海気候の温暖な土地で、名産品は桃とぶどう。その岡山、第二の規模の町になる倉敷市に蟲文庫はあります。

ＪＲ倉敷駅南口から商店街を南東へ。アーケードを抜けた辺りから美観地区と呼ばれる景観保存地区に入ります。右手の路地の向こうにギリシャ神殿風の大原美術館を見ながらそのまま軒の低い古い町並みを道なりに。

そうして、「ほんとにこの道でいいのかな?」と不安になりはじめた辺りから、もうひと頑張りすると蟲文庫の白い麻の暖簾《のれん》が見えます。ここまで徒歩で約二十分。明治中期に建てられた、いわゆる「町家」で、古本屋にしては少し格好良すぎる建物。ここへは二〇〇〇年に移転してきました。

観光地の一角とはいえ、かなり外れのほうになるのんびりとした地域で、徒歩十分圏内に、かつて通った小学校、幼稚園に生まれた病院まであるという、なじみ深い地域でもあります。

なかに入ると、十坪にみたない店内に、文学、社会、思想、心理、宗教、民俗学、古代史、自然科学、美術、音楽、料理、プロレス、マンガ、絵本などが並べてあります。とくに思い入れのある分野は文学と自然科学。最近では、行き来のある人や出版社から出されている新刊書、そしてＣＤやオリジナルグッズなども置くようになりました。

ただ、仕入れのほとんどがお客さんからの買い取りなので、基本的には「それとなく集まってきた」「いつの間にかそうなった」ようなラインナップなのですが、いまあらためて眺めてみると「ああ、そういえば、古本屋をはじめたばかりのころ、こんな店がやりたかったんだったな」そして、「思っていた以上におもしろい店になったような気がする」と我ながら驚いてしまいます。

イソギンチャクなど、海辺の潮だまりに貼り付いて暮らす生き物の生活形態を「固着生活」と呼ぶそうですが、帳場でじっとしてほとんど動かない自分の様子とどこか通じるように思います。一見つまらなさそうですが、じつのところそこは「座っているだけで」いろいろなことがやってくる、めくるめく世界。思いも寄らない出来事の連続。それとくらべれば、人ひとりが思い描くことのできる理想なんて、たかがしれていると感じる毎日です。

見よう見まねではじめた店の二十年近い日々。大変、といえば大変なこともありましたが、でも不思議と「もう、やめてしまいたい」と思ったことは一度もないのです。これはきっと、そんななかで出会ったいろんな人や物事のつながりのおかげだろうと思っています。

目次

第二章 見よう見まねの古本屋

第三章 お客さん、来ないなぁ

第四章　めぐりめぐってあなたのもとへ

第五章 そして店番は続く

わたしの小さな古本屋

編集協力　尾園忠幸
画（二百十二頁）　鈴木卓爾
写真　著者

第一章　そうだ、古本屋になろう

そうだ、古本屋になろう

「ついさっき、仕事を辞めることになったんですけど、それで、自分で古本屋をやろうと思うんですよ」

　ある日、それまで二年間ほど働いていたアルバイト先を突然辞めることになり、さてどうしたものかと思いながら、無意識に足の向いた顔なじみの古本屋さんで、心に決めるよりも先に口がそう言っていました。当時、二十一歳でした。

　家庭の事情もあり、高校卒業後はすぐに就職したのですが、その会社というのが、労働基準法をまったく無視したとんでもないところで、十ヶ月ほど勤めたところで体を壊し退職。しばらくはフルタイムの仕事ができそうになかったため、喫茶店やお土産物屋などで短時間のアルバイトをしていました。

　子どものころから要領が悪く、計算が苦手で、コミュニケーション能力も低いほう。すでに「お勤めには向かない」という自覚がありましたので、いずれ、自分の店を持てたらいいな、という漠然とした気持ちはありました。

何屋さんになりたい、というのではなく、ただただ、自分の居場所がほしかった、と言ったほうが適切でしょう。

「古本屋になろう」と思い立った理由を考えてみると、本が好きだということと、それと同じくらい、資金がない、ということもあったと思います。

本ならば、すでに手許にそれなりの数があるので、とりあえずそれを並べてみようか、とそう安易に考えたわけです。ほかの古本屋での修業期間はもちろん、知識も心構えも、ついでにプライドも野望も、あまりありませんでした。でも、それ以外の何も思いつかなかったのです。

川西町の四軒長屋

店をはじめようというのですから、まず店舗探しからはじまりました。駅から遠くない場所で、こぢんまりとして、少なくともトイレと炊事場くらいはほしい。

できたら内装をあまりいじらないでいいような、事務所のあとのようなところがいいだろう。予算は五万円前後。

そんな条件で不動産屋をまわりはじめたのですが、なにしろ二十歳を超えたばかりの小娘です。

まず、

「あの、古本屋をやりたいと思って店舗を……」

とこちらが言い終わらないうちに「あー、ないない、ないよ」と相手にもしてくれない、というところが大半。家探しに苦労したことのある方ならわかると思いますが、不動産屋をまわるというのは、じつに消耗します。

それでも、思い立ったからには行けるところまで、と電話帳を開いて、自転車で行ける範囲の不動産屋をしらみつぶしに当たったところ、ある不動産屋でようやく「それで、予算はどれくらいですか？」とまともにとりあってもらうことができました。灯台下暗し、わたしの卒業した小学校のすぐ横にあったM不動産でした。

「あの、ご、五万円くらいです」と、おそるおそる答えると、意外にも、

「ああ、古本屋さんだったら、やっぱりそれくらいがいいですよね、ちょっと待ってくださいね」

と、対応してくれたその女性は、パラパラとファイルを繰りはじめました。

これまでの感触から、ここで決まらなかったら、もう当分ダメだろう、という気がしていたので、祈るような気持ちで、その女性の手許を見つめていたところ、

「あ、ここちょっと古いし予算より高いけど、駅の近くだし、大家さんもあまり細かいことにこだわる人ではないから、いいかもしれませんね」

と一軒の書類を見せてくれました。

家賃は六万五千円。たしかに予算よりは高いのですが、主要な県道沿いで、駅から

徒歩五分。水洗トイレと簡単な炊事場もあり、しかも元事務所だったという、間口が狭く奥に向かってすとんと長い物件。ほぼ、希望通りでした。

そこは、戦後すぐに建てられたような、軒の低い古い四軒長屋で、当時はそのうちの一軒にアクセサリーのリフォームのお店が入っているだけでした。古い、というよりはボロい、と言って差し支えないようなところでしたが、自分の思い描いていた、ひなびた古本屋のイメージには合っていたこともあり、すぐに借りることにしました。それが、川西町にあった開業当初の店です。

古本屋の適性

「店は、はじめるまでの、ああしよう、こうしようと考えているときが一番楽しいんよね。開けてしまったら、もう毎日が同じことの繰り返しで」

これは、店をはじめる準備をしていたとき、ある先輩業者から言われた言葉です。「そんなもんかなぁ」と思いながら、それなりの苦労と努力の期間を経て開店にこぎつけ、いざ店番生活をはじめてみると、それはあまり当てはまっていませんでした。

生まれ持った性格とか、性別などによる思考パターンの違いのせいだと思うのですが、わたしの場合、思い立ってから開店までの、いったい何から手をつけてよいやらわからずに、それでもはじめると決めたからにはなんとかしなくては、という切羽詰まった状況からいちおうは解放され、「ああ、やれやれ、これでやっと大手を振って椅子に座れる」とほっとしたものです。もともと、じっとしているのが好きなのです。

しかも、じっとしているだけで、誰かが訪ねて来てくれたり、本を売りに来てくれたりして、だんだんとお店らしくなっていくのです。ああ、なんて楽しいんだろう、とそう思っていました。そしてその気持ちはいまも変わりないどころか、ますます増幅してゆくばかりです。

あるとき、生来の放浪気質の知り合いから、

「美穂さんいいなあ、そうやってどっしりと落ち着いて暮らしていて。わたしなんて若いころからずっと移動、移動で、なんだかずいぶん人生を無駄にしているような気がする」

と言われたのですが、それに対して、

「でも、もしあなたがここにじっとしていないといけない境遇だったら、たぶん、世界はこんなにも広いのに、どこにも行けなくて、誰にも出会えなくて、無駄に過ごしていると思うかもよ」と返事をしたところ、「あ、そうか」とすぐに納得してくれました。

たぶん人には、自ら動き続けることでいろいろな事柄に出会うタイプと、じっとしていることで出会うタイプ。おおまかに分けて、この二通りあるのではないかと思っています。もちろんわたしは後者。

こんな性分が、自分にとって蟲文庫をやって行くにあたっての最大の適性なのだろうと思っています。

十月二十六日革命

これまで、店をはじめたきっかけなどを問われるたびに、「いやぁ、なんか急に思いついて」などと、へらへら笑いながら答えていたのですが、実際、それまでやっていた仕事を辞めることになってから古本屋になろうと思いつくまでに、いったいどれくらいの期間があったかなどは、あまりはっきりと覚えていませんでした。

何年か勤めていた職場を、どこにでもあるような従業員と雇用主とのあいだの行き違いが原因で突然辞めることになり、さて、これからどうしよう、と身の振りを考えているうちに古本屋になることを思いついた。

それまでもちょくちょく出入りしていて話もするようになっていた、倉敷駅前の「ふるほんや読楽館」の森川さんに相談したところ、古物商の許可願のことなどを簡単に説明され、『街の古本屋入門』志多三郎著（光文社文庫）という本をすすめられて買った。

空き店舗を探して不動産屋をまわり、なんとか一軒だけ、貸してもらえるところが見つかった。

という、これらひとつひとつはちゃんと覚えています。

『街の古本屋入門』については、森川さんから、「まあ、これは横浜（都市部）でのことやし、この本が出てからもう何年もたっとるから、数字的なことに関しては三分の一以下で考えたほうがええな」と言われたこともはっきりと覚えています。

でも、そこへ至るまでには、たぶん一〜二ヶ月くらいかかったのではなかったか、くらいに漠然と思っていたのです。

ところが先日、古い売り上げノートやメモなどを引っぱり出して眺めていたところ、最初の年のノートにホッチキスで留められていた、ある日の日記を見つけました。そして読んでみて、思わず椅子からずり落ちそうになりました。

岡山弁で言うところの、「なんじゃあこりゃあ」です。

「一九九三年十月二十六日（火）晴れ。仕事休み。用事があってY（当時の勤め先）に寄ると、（オーナーの）M・Mさんから突然配属替えを言い渡される。青天のへきれき。納得がいかないので今月いっぱいでの退職を申し出る。(中略)せっかくなので古本屋をやってみようと思う。読楽館の森川さんに話を聞きに行く。当面必要なことを伺い、『街の古本屋入門』をすすめられ購入。不動産屋を何軒かまわる……」

なんと、仕事を辞めることになってしまったその日に、即、古本屋になることに決め、さらに店舗探しまではじめているではないですか。

それでも普通、こういうものを見れば、「ああ、そうだ、そうだったなぁ」などと思い出して膝をたたいたりするものですが、何度も読み返し、記憶の糸をたぐってみても、一向にはっきりとしません。それどころか、「これ、ほんと?」と自分で自分を疑いだす始末。

あんまり思い出せないので、母親に電話をして、「わたし、日記にこんなこと書いてるんだけど」と尋ねてみると、意外にも母親は、その翌日が自分の誕生日だということもあって、かなりはっきりと記憶していました。

「そうよ、急に仕事辞めて古本屋をはじめるなんて言いだして、それももう不動産屋を何軒かまわってきたとか……まったくもう」

と軽く怒られさえしてしまいました。

それでも、「ふ、ふ〜ん……」と、まるでひとごとのように実感が湧きません。ひとりの人間にとって、これは事件とも言えることだというのに。大きすぎて見えない、重要すぎて忘れる、といった、そういう種類のことなのでしょうか。

「見る前に飛べ」などという言葉も、本来、その前のいくらかの逡巡あってこそのものでしょう。わたしの場合はそれすらもありません。いえ、たぶんその場で五分か十分くらいは悩んだのでしょうが、事の大きさを思えば、これはもうなかったに等しい時間です。

「無謀」という言葉をつくづく嚙みしめました。

だいたい、読楽館の森川さんにしても、どちらかと言えば、「ああ言えばこう言う」タイプのうるさがた。いまにして思えば、なぜあのとき、突然も突然古本屋になるなどと言いだしたわたしに、まったく一言もケチをつけず、すんなりと話に応じてくれたのか不思議でなりません。

ただ、大筋では、のろまなぼんやりが服を着て歩いているような性質ですが、ふと思い立って動きはじめると、まるで何かに取り憑《つ》かれでもしたかのように、あとはもう全うするまで止まらないという極端な面があるのはたしかです。

「まあ、あり得るわな」というのもまた正直なところ。森川さんの店に入り浸り、棚の本と戯れているうちに、古本の精にでもそそのかされたのでしょうか。

そういえば、「早稲田古本村通信※」の編集長である向井透史さん（早稲田古書店街にある「古書現世」の二代目店主）について、「彷書《ほうしょ》月刊※」の編集長で、古書店主としても先輩である田村治芳さんが、「向井くんはきっと自分の店の本たちに、『ウン、おまえならいいや、おまえ、古本屋やんなよ』と言われたのではないか」と、以前どこかに書かれていました。

もしかしたらわたしは読楽館の古本たちに、「あんた、ちょっと古本屋やってみなよ」と、そして森川さんは、「まあまあ、カタイこと言わんと、ちょっと、この子にやらせてみたら」なんて言われたのかもしれません。

ともかく、この〝事件〟を「十月二十六日革命」と名付けて、今年から自分の新しい記念日にしました。

早稲田古本村通信　東京・早稲田の古書店街と、早稲田・高田馬場地区の情報を届けるメールマガジン。編集長は「古書現世」の向井透史氏。

彷書月刊　田村治芳氏（二〇一一年一月一日永眠）を編集長として、（株）彷徨舎より刊行された、古書と古書店をテーマにした月刊情報誌。二〇一〇年十月号をもって休刊となった。

第二章

見よう見まねの古本屋

百万円でできる店

古本屋の開業資金は、通常五百万〜一千万円なのだそうです。この本を書くにあたって、編集者の方からそう聞かされました。知りませんでした。蟲文庫の場合は百万円くらいしか予算がありませんでした。

自分でも、思いも寄らなかったことなので、開業資金を貯めるということもしていませんでした。ただ、高校卒業後に十ヶ月ほど勤めていた会社があまりにも忙しく、お給料をつかう時間もなかったため、そのときに月々銀行に振り込まれていたものが、そのまま丸々残っていたのです。それがおおよそ百万円。

銀行や国民金融公庫などで借りるという方法もありますが、短時間のアルバイトを転々としているような自分にお金など貸してくれるようなところはないだろうと思われましたし、たとえ借りられたとしても、返すあてはまったくないので、それは最初から考えませんでした。

我が家はあまり裕福ではありませんでしたが、生活に困るというほどでもありません。

場合によっては親から借りるということもできると思うのですが、いかんせん、父は「何をやるのも勝手だが、そのかわり一切手助けはしない」という考えの持ち主だったため、それもＮＧ。

「とにかく、これだけでなんとかやるしかない」というところからのスタート。加入金が捻出できず、古書組合へ入ることすら諦めざるを得ない状態でしたが、でも、「これでどこまでやれるだろう」「何ができるんだろう」という、ちょっと実験でもしているような楽しさもありました。

棚板を探して

「十五万円か」

店舗の大きさを測り、必要な材木の数を割り出して、近くの材木屋さんで見積もりを出してもらったところ、そんな金額になりました。

厚さ三十ミリで、長さが三メートルや四メートルの国産の杉板を数十枚。いまにして思えば妥当なところだろうと思うのですが、なにしろ開店資金は百万円程度。とにかくすべてをできる限り安くおさえなくてはなりません。ホームセンターなどもまわってみましたが、どこもだいたい同じような値段。

やっぱり、これくらいはいるのかなぁ、と諦めかけていたところ、ある知り合いから「岡山港のほうにある材木の問屋さんで、個人にも卸値で分けてくれるところがあるらしいよ」という情報が。

さっそく父の車を借り、免許取り立てのあぶなっかしい運転で、教えられた材木問屋さんへ向かいました。

五十歳代の社長さんだったと思います。事情を説明すると快く分けてくださることになりました。見積もってもらうと七万円。小売りの材木屋さんの半額以下です。

その問屋さんの片隅には、昭和三十年代のものと思われる古い型の乗用車が置いてあり、趣味でそれを直しながら乗っているのだということ。きっと、自分でごそごそ何か作ろうとしている人の気持ちをわかってくれるのだろうと思いました。

ただ、四メートルもある板が数十枚です。乗用車での運搬はとても無理。さて、どうしたものかと思っていたら「倉敷じゃろう？　来週でもええんじゃったら配達するで。ようけ（たくさん）買《こ》うてくれたからサービスじゃ」と、それから数日後、大きなトラックで、借りたばかりの店舗まで届けてくれました。

広大な面積の材木問屋さんの家賃はなんと月百万円だということ。帰り際に言われた「どんな規模の店でもなぁ、いちばん大変なのは月々の家賃なんで（なんだよ）」という言葉を、今も月末ごとにかみしめます。

あの社長さんは、どうしているだろう。「あの本屋、まだ続いていますよ」といつかそう言って訪ねてみたいと思いながら、いまだ果たせていません。

店の名前は蟲文庫

蟲文庫。変な名前です。

古本屋をはじめるのにあたって、最低限必要なのが古物商の許可証。必要書類を用意して、地域の公安委員会に提出すると、たいていはしばらく待っていれば受理されます。とくに必要な資格や講習などはありません。

ただ、書類を提出する時点で、営業する場所の住所と店の屋号が必要になるため、申請するとなれば、それらを早く決めねばならず、そんな事情で、あわててつけた屋号が「蟲文庫」でした。

「お店の名前の由来は？」と尋ねる人の十人が十人、「蟲」のほうに着目しているのですが、そのとき、わたしにとって重要だったのは「文庫」のほうでした。

店をはじめようと思い立つ少し前のこと、古本屋の店主で作家の出久根達郎さんの直木賞受賞をきっかけに、当時はご法度に近かった業者の市場にテレビカメラが入り、その様子が放映されたことがありました。

その番組のなかで、振り市※の振り手を務める、先ごろ亡くなった『彷書月刊』の編集長で「なないろ文庫ふしぎ堂」という古本屋の店主でもある田村治芳さんが登場し、その不思議な屋号と風貌にどことなく惹きつけられました。

書房、書店、書肆《しょし》、文庫、古書と、古本屋の屋号として一般的なものにはいくつかありますが、まず「なんとか文庫」にしようと、そちらを先に決めたのは、あのときにテレビで観た田村さんの印象が蘇《よみがえ》ってきたからでした。そこへ、なんとなく字づらの気に入った、蟲という文字を当てはめたのです。

そんなわけで、あまり深い意味はないのですが、自分で思っている以上にインパクトが強いようで、たいていすぐに覚えてもらえます。いまでは、なかなかいい名前をつけたものだと思っています。

振り市　古書業界における市の方法の一つで、振り手が出品された本の書名や著者名、本の状態などを説明し、相場の低いあたりから発声する。希望する買い手は値段をせり上げ、妥当と思われるところで、振り手が最高値をつけた人に落札する方法。昭和三十年代まではわりと見られていた方法だが、現在ではほとんどの市が紙片の入札で運営している。

こころと背骨の文庫本

『街の古本屋入門』。いまのようにインターネットが普及する以前に開業した、ここ三十年以内の古本屋店主には、何らかの形でこの本を参考にされた方が多いのではないかと思いますが、いわゆる「いまどきの古本屋」の典型みたいなこのわたしも、実はその最後尾あたりにぶらさがっています。

ある日突然の思いつきで古本屋になると決めたわたしに、いまもたいへんお世話になっている、倉敷駅前の「ふるほんや読楽館」の店主である森川さんから、「読んでみたら」とすすめられたのがこの本でした。

実際に店舗を開くための準備や心構えなどが具体的かつ詳細に書かれた本であるため、インターネット専門の店も当たり前になったいまでは、状況にそぐわなくなっているところもありますが、ただ、本に向かうということに対する「志」や「心意気」はどこまでも普遍で、わたしにとっては、自分が古本屋であるための背骨のような本だと思っています。

開店して一段落したころ、ご報告を兼ねて、著者である志多三郎さん（横浜「一艸《いっそう》堂《どう》石田書店」の石田友三《ともみ》さんのペンネーム。以下、石田さん）にお手紙をお出ししたところ、すぐに丁寧なご返事があり、以来、いまも変わらず行き来をさせていただいています。

はじめてお目にかかったのは開店してまだ一年もたたないころで、自家用車でのご旅行のお好きな石田さんが、奥様と、いまは亡き愛犬のブンちゃんを伴われて倉敷までみえたときでした。

その夜、近隣の古本屋店主数人が集まり「囲む会」が開かれたのですが、何もかもが見よう見まねで、ありとあらゆることに戦々恐々としながら店番生活を送っていた当時のわたしです。海千山千のオヤジさんたちの集う宴会で、しかもあの頑固一徹『街の古本屋入門』の石田さんを前に、いったいどんな会話を交わしたのだか、いまではもうさっぱり思い出せません。ただ、ものづくりをよくされる、上品で気さくな奥様が、古本とはあまり関係のない話題で何かと気遣ってくださったことだけは、よく覚えています。

ところで最近、新聞の連載記事などから興味を持っていた小山清の本が、何やら向こうのほうからこちらを目指してやってきたのではないかしら、というタイミングで届いたのです。

『落穂拾い・雪の宿』小山清著（旺文社文庫）昭和五十年。古本屋の店先の均一コーナーで掘り出し物を見つけるのが得意な友人が、

「知らない作家だけど、なんか珍しそうだからと思って買ったら、なかに美穂さんみたいな人が出てきたよ」

と言って送ってきてくれたのでした。

その表題作である「落穂拾い」を読みはじめたわたしは、思わず「あっ」と小さく叫んでしまいました。

この小説は、売れない作家である「僕」と緑陰書房という小さな古本屋を営む少女との淡い交流が描かれた、端正で味わいの深い作品なのですが、なかほどまで読み進んだところで、ある記憶が蘇ってきたのです。それは、先の石田さんを囲んだ宴席でのこと、緊張と所在なさとでうつむきかげんになるわたしに奥様が、

「古本屋を営む少女のお話があってね、あなたを見ていると、それを連想せずにはお

られないのよ」

と話してくださったときのことでした。

そのとき、おそらく作家名や書名まできちんとおっしゃったのだろうとは思うのですが、何しろ当時、私小説の作家といえば、つげ義春が影響を受けた作家ということで、川崎長太郎の名前を辛うじて知っていたという程度。「こやまきよし の おちぼひろい」という、きわめて控えめな響きは、そのまま右から左へと流れていってしまったようです。

そうして、誰の何という小説なのかということを調べることもせず、ただ、そう優しく話してくださる奥様の印象とともに、古本屋の端くれである自分の心の拠《よ》りどころのような大切なイメージとして、いままで持ち続けていたのでした。

ひょんなことで読みはじめた「落穂拾い」は、まさにその「古本屋を営む少女のお話」だったのです。

そう気づいた瞬間、手が震え心臓がドキドキして、字面《じづら》を追うことすらままならなくなりました。そして、たった十五ページほどの短編小説を読み終えるのに半月ほどもかかってしまったのです。

さすがに、自らをその少女になぞらえるようなことはありませんでしたが、ちょうど親ほどの年代であるご夫妻が、二十歳そこそこで古本屋をはじめた当時のわたしをご覧になって、思わずこの話を連想された、ということについてはなるほどとうなずけるものがありました。

作中、「僕」から「よくひとりではじめる気になったね」と言われた少女は、別に意気込んだ様子も見せず、「わたしはわがままだからお勤めには向かないわ」とこたえます。

同じようなセリフ、これまで何度口にしたかしれません。なんというか、ほかに言いようもなかったのです。

ともかく、わたし自身は、めぐりめぐって、ついにこの小説を読ませてもらえるところまで来たのかな、という感慨にふけるとともに、これからも、このままなんとか古本屋であり続けることができれば、とそう願わずにはいられませんでした。

これまで、「できるだけは、石田さんに恥ずかしくないように」と思いながらやってきた自分の「背骨」にあたるところが『街の古本屋入門』だとすれば、「落穂拾い」は形に表すことのできない「こころ」と言えるでしょうか。

そういえば、帳場の机に並べているこの二冊の文庫本は、まるで石田さんご夫妻みたいです。

看板猫

古本屋をはじめるにあたって持っていた、唯一の具体的なビジョンは「猫を飼う」ということでした。

子どものころから猫が好きだったのですが、父親が猫嫌いだったため飼うことができず、自分が自由にできる場所を持ったあかつきには、ぜひとも猫を飼いたいと思っていました。

中学生や高校生が「いつか一人暮らしをはじめたら、部屋のなかはああしてこうして」と考えているような、肝心のことはさておいた夢と同じです。

ちょうどそんな矢先、友達から「子猫が生まれたんだけど、もらってくれないかな」という電話があったので、二つ返事でもらいうけました。

それが、現在では店番を引退し、自宅でのんびりと隠居生活を送っている、初代看板猫のナドさんです。

キジトラ柄で太短い体形に丸い顔。ごく庶民的な雰囲気の雌猫ですが、性格はわりあい気高く気難しいところがあり、猫らしいといえば猫らしいタイプ。持ち前のハンター気質のおかげで、ねずみ番としてもずいぶん助けられました。

もともと、飼い主に対しても素っ気ないところがあり、撫でられるのもあまり好きではないのですが、ただ、人のそばにいるのは好きなようで、寝たり起きたり毛繕いをしたりしている姿はつねに視界のなか。ときどきちらっと目を合わせては、またお互いの作業に戻ります。

でも一度、わたしの身のまわりでいろいろな不幸が重なり、起き上がる気力もなくして店の在庫置場で倒れていたことがあったのですが、八月のうだるような暑さだったにもかかわらず、そばにやってきて腕をなめたり、ぴったりとくっついて寝てくれたことがありました。さすがに、お互い汗だくでしたけれども。

そう言えば、自宅と店との間を一緒に自転車通勤していた時期は、いつもナドさんを肩に乗せて走っていました。カゴよりも、そちらのほうが安定するようでどうしても肩に乗りたがるのです。仕方がなくとはいえ、きっと周囲では「猫女」と呼ばれていたことだろう、といまになって冷や汗も出てきます。

そんなふうに、病めるときも健やかなるときも、つねに傍らにある「糟糠《そうこう》の猫」ナドさん。

ちょうど蟲文庫と同い年。古本屋の十七年と言えば、まだまだ若輩者ですが、猫の十七歳は、すでに長寿といわれる年齢です。

あと、どれだけいっしょにいられるだろう、そう思いながら、惜しむように過ごしている毎日です。

第三章

お客さん、来ないなぁ

父の置き土産

蟲文庫の営業時間は、午前十一時ごろから午後七時ごろまで。日の長い夏場などはもう少し開けていることもありますが、観光地の外れなので、五時をまわるともうあまり人が歩かなくなるのです。

七時くらいに店を閉め、それからしばらく、営業中にはできないような事務や棚の整理などをします。誰にも邪魔されず作業に集中できるこのひとときは、一日のうちで一番と言ってもいいくらい好きな時間です。ただ、そんな時間が我がものとなったのは、わりと最近のことなのです。本棚に並べる本もないままはじめたような古本屋。当初、売り上げだけではとてもやっていけませんでした。

駅構内の珈琲チェーン店、イートインのあるパン屋の厨房、コンビニのレジ、郵便局の内勤業務などなど、店の営業時間とはかぶらない早朝や夜間にやってきたアルバイトは数知れません。

労働時間にすれば、ほんの三、四時間のものですが、たとえば朝五時出勤となると、遅くとも四時には起きなくてはなりません。当然、前日床に就く時間も早くなり、毎日毎日「早く寝なくては、早く寝なくては……」と、まるで追われるような生活になります。そして休み明けの憂鬱《ゆううつ》。

自営業なのに、勤め人のストレスまでしょいこんで、いったいわたしは何をやっているのだか、と思いつつも、たとえ微々たる金額とは言え、月々の定収入があるというのは、ほかに代えがたい安心感をもたらします。このせめぎ合いのなかで十年という時間が過ぎていきました。

なかでも長かったのが夜間の郵便局でした。行きはじめたころは、まだ民営化云々《うんぬん》の前でしたので、実にのんびりとした雰囲気。日中、まがりなりにも商店主であるわたしには、夜、区分台と呼ばれる棚の前に立ち、郵便物を各地方別に仕分けしていく作業は、精神的にもバランスがとりやすいうえ、もともと手紙を書くことも、地図を眺めることも好きなほうなので、仕事を覚えるのもまったく苦になりませんでした。いまでも各都道府県の上二桁の郵便番号は頭に入っています。

しかし、わたしが勤めていた六年余りのあいだに、かの首相が就任し、あれこれと無造作に改革するなどして郵便局事情も激変。最後のころは、作業内容もめまぐるしく変わるうえ、中途半端なベテランゆえの精神的負担も大きく、もう自分の店のことなどそっちのけになっていました。吹けば飛ぶよな古本屋の仕事よりも、郵便物をより確実かつ迅速にお客様のもとまでお届けすることのほうが社会的責任は重大です。

本末転倒なのはわかっていながらも、店の維持費だけはなんとかしたいという気持ちで悪循環を繰り返していました。

ただ、ちょうどこのころ、美術作家の永井宏さんが主宰されていた「12 water stories magazine」（サンライト・ラボ）という小さな雑誌に「苔観察日常」という、苔についての文章を書いたことをきっかけに、「クウネル」や「ブルータス」（ともにマガジンハウス）といった雑誌に取り上げられるという機会がありました。古本屋、というよりは「苔好きの、一風変わった女性店主」という視点のもので、当のわたしもいったい何に興味を持たれたのだかよくわからないまま載せていただいたのですが、でも、そのおかげで、驚くほどたくさんの方々に「倉敷にへんな古本屋がある」と認識されるようになりました。思えばこの出来事は、いまこうして店を維持できていることのひとつの要因になったと思います。

郵便局を辞めたのは、オープンからちょうど十年目の秋。理由は父の病気でした。具合が悪くなって病院にかかったところ、「あと一週間から、もって三ヶ月でしょう」という衝撃の余命宣告。アルバイトはもちろん、店のほうも長期の臨時休業にして病院に住み込みました。そして医師の見立て通り、それから三ヶ月足らずで他界。看病するこちらの気力体力も、もう限界に達していたときでした。人の命には支えが必要なのだ、ということをこのときに思い知りました。

葬式も済ませ、店もどうにかこうにか通常の営業に戻りましたが、しかし、さすがにアルバイトまで再開する元気はなく、何のあてもありませんでしたが、しばらくは店番だけの、のんびりとした生活をすることにしました。

これまでアルバイトのほうに奪われていたエネルギーをすべて店へと向けられるのですから、日々の本棚整理や窓拭きなどの、ひとつひとつの楽しいこと。十年来夢に見ていた生活です。

古本屋の棚は、触れば触るほどよいといいますが、その通り、少しずつですが店の本が回転するようになってきたのです。そうなると、さらにいろいろと勉強し、工夫をしたいという、当たり前の欲求も大きくなるもので、それまでは自分のダメっぷりを思い知らされるようで、ついつい避けていた「古本の本」（古書店主や古本好きの人の書いた本のこと）も積極的に読むようになりました。それまでの変な卑屈さが抜けて、自分自身も一からのスタートという気持ちでしたので、どの本もとても面白く、また勉強になりました。そして、知らないうちに、世の中の古本屋事情はずいぶんと変化しており、インターネット専門はもちろん、若い店主の店も増えているのだということ、また、長年わたしが後ろめたく感じていた、古書店組合に未加入であるということについても、まあ、さほど大袈裟に考えることでもない、ということも知りました。

都市部ではごく当たり前のことでも、その流れが地方にまでおよぶのにはすこし時間がかかります。しかしともかくずいぶん気がラクになりました。

そうして、ようやく「これはこれでよいのだ」という自覚が生まれ、後はもう思いつくままにしたい放題。古本とは何の関係もない、「苔袋」という苔観察セットをつくったり、狭い店内の本棚をどかしてライブをやったり、展覧会をしたり。とにかくこの場所を使ってできそうなことは、片っ端からやってみました。地元の友人知人からは、「よくこんな小さな町に何十年も暮らしていて、それだけ好き勝手ができるね」と呆れられるほどです。ただこれは、倉敷という町の持つ、どこか淡泊で自由な空気のおかげもあるとも思っています。

正直なところ、経済状態は以前とそれほど変わりません。でも、アルバイトをしてもぎりぎりだったものが、店の売り上げだけでなんとかかんとか、になったというのはゼロかイチかというほどの前進です。

この原稿を書いているいま、某日の二十一時過ぎ。以前なら郵便局のなかで走り回っていた時間です。こんな時間に、こうして自らのこれまでを振り返り、文章にしていられるというのは、なんという幸せだろうと思います。

身近な家族の死というものは、たとえようもない大きな痛手でしたが、でも、その分だけの転機をもたらしてくれたとも思います。このことがなければ、いまごろ、蟲文庫そのものも、アルバイト疲れとともに自滅していたかもしれません。

病床で、「何も残してやれなくて悪かった」としつこいほど繰り返していた父の、これは置き土産なんだろうと思っています。

ミルさん

店をはじめて三年目くらいのある日のこと、いつものように店番をしていたら、裏のほうから子猫の鳴き声が聞こえてきます。当時、お隣りは地元に何店舗もあるカレー屋さんのルウ工場だったので、大方そこの人あたりがどこかで拾ってきたのだろうくらいに思っていました。

ところが、夜遅く、ひと気がなくなってもまだ聞こえます。さすがに気になってきて裏にまわってみましたが、声はすれども姿は見えず。

「お～い」とか、「にゃ～」とか言ってみただけで、のこのこ出てくる子猫などまずいないでしょうが、でもやってみました。やはり出てきませんでしたので、仕方なくその日はそのまま帰りました。

そして翌日。相変わらず鳴き声がしているのが気になりながら、店の奥にあったトイレに入ったところ、なんと、かなりダイレクトに聞こえます。

そこは四軒続きの長屋でしたが、建物と建物のあいだに細い細い隙間があるようです。どうやらその子猫は、なんらかの事情で天井裏から隙間に転落し、出られなくなったようなのです。

四方をふさがれた場所なので、垂直の壁を駆け登る以外に道はありませんが、子猫の脚力ではまず無理。無理だから「お母ちゃ〜ん」と鳴いているのです。このまま放っておけば衰弱して死んでしまいます。

さあ、困りました。さあどうする。「う〜ん……」と考えた末、ダメで元々、いろいろな材木がつぎはぎしてあるトイレの壁（戦後すぐの、物のない時代の建物なので、かなりいいかげんな造りなのです）を一枚力まかせに押してみましたら、なんといとも簡単に外れてしまいました。どうやらこのトイレの壁は薄いベニヤ板のはぎ合わせでできていた模様。

やや複雑な思いに駆られながらも、ともかく道が開けたわけです。

ですが、やはり「お〜い」とか、「にゃ〜」とか言ってみたところで、丸一日以上母猫を求めて鳴き叫んでいる子猫がそう簡単に出てくるとは思えませんので、今回はもうやってみませんでした。

とりあえず夜になるのを待ち、辺りがいよいよ真っ暗になってから、トイレの電気をつけ、しばらく見張っていましたら、思惑通り光の洩れるほうへ顔を覗かせましたので、「がしっ!」とすかさず捕獲。

いきなり顔面をつかまれた子猫はしばらく恐怖に固まっていましたが、意外に図太く元気でしたので、そのままナドさんの傍に置いてみたところ、これまたあっさりと受け入れられ、そのままかいがいしく世話を焼かれ、立派に成長し、そうしていまも元気におバカさんぶりを発揮しています。

今年で十六歳になる、No.2の看板猫、ミルさんです。

引っ越しの神様

店をはじめる前、不動産屋をまわるのと並行して空き家探しもしていました。

ああ、この建物いいなぁ、こんなところで古本屋ができたらいいのに、と思うような物件もいくつかありましたが、条件の折り合いが悪かったり、持ち主に貸す気がなかったり、単に不審がられたり、ということで実現しませんでした。

開業して六年ほどがたったある日のこと、散歩がてら美観地区の裏通りを歩いていたら、顔見知りのやっているアジア雑貨と洋服のお店が閉店セールをしていました。

実はこの物件、六年前に「いいなぁ」と思っていた建物のひとつでしたが、そのときはまだ数十年放置されたままの状態で、大家さんにも貸す気はなかったものだったのです。ところが、それから数年後、いつのまにか修繕され、そのお店ができていました。くやしかったです。

なかを覗いて、店で使えそうな暖簾を物色しながら、店主のNさんに「ここ、次に誰か入るひと決まってるんですか?」と尋ねてみると、「いや、いまんとこ誰も」という返事。

それを聞いた途端、わたしの体に引っ越しの神様が降りてきたようなのです。

その場で家賃を聞き、ここを管理しているという不動産屋に電話をしてもらって、「次、わたしが入ります!」と宣言。

それから十日ほどして正式に借りられることになったため、すぐに元の店の解約手続きをし、その三ヶ月後にはいまの本町のこの店に移転してきていました。

二〇〇〇年八月のことです。

そして、あのときに買い求めた暖簾は、思いがけずまた同じ店の軒先にかけられることになったのでした。

古本屋の姿

ここに、オープン当初の店の外観写真があります。※

建て付けの悪いアルミサッシの扉に、金網の入った、いやに頑丈な窓ガラス。女の子がやっているという華やかさのかけらもありません。

そこまで手を入れる余裕がなかった、ということもありますが、この雰囲気、もともと自分がイメージしていた古本屋の姿にピッタリだったので、当初、あまり問題にしていませんでした。

その古本屋像というのは、たとえば、どこかの町の駅前に昔からあるような、むっつりした親父さんのいる、色気も素っ気もない、少しだけ硬めの品揃えの店です。

しかし、以前は事務所だったというこの物件、やっているうちに、その前は大人のおもちゃ屋さんで、さらにその前は判子屋さんだったということがわかってきました。

外観をほとんどいじっていないので仕方がないのですが、ときどき、「あれ？　ここ、前は……」

と間違って入ってこられる方があり、とくに判子でないほうの方とは、お互い、ばつの悪い思いをすることも。

さすがに「もうちょっと、うちの店ならではの雰囲気にしなくては」と考えるようになり、それから友人らの手を借りて少しずつ少しずつ改装し、六年目の移転直前には、いくらか女性らしい店の雰囲気になりました。

ただ、古いお客さんのなかには「最初のあの雰囲気、あれはあれでよかったよね」と言ってくれる人がいます。じつはわたしもそうなのです。

※十八頁参照。

青春の炬燵生活

冬場、何年かぶりに覗いてくれたような人から「あれ、もう炬燵《こたつ》やめたんだ」とからかうように言われることがあります。

店をはじめて十年くらいの間、冬場の暖房は帳場のホーム炬燵だけでした。もちろん光熱費の節約のため。人は下半身と首周りさえちゃんと防寒していれば、かなりの寒さでも凌げるものです。

しかし、炬燵生活の最大の問題は「動く気がなくなること」。さらに「ぎっくり腰やって、やっと一人前」と言われる古本屋稼業にとって、あの姿勢は負担が大きすぎ、三十歳が近づいたころから、だんだんと腰痛がひどくなっていきました。

そして数年前、ついに畳敷きの帳場に学習机という店番スタイルに変更。

ある友人から「そうか、輝かしい二十代を炬燵で過ごしてきたわけか」と呆れられましたが、でも、そういえばあのころ「炬燵に座ってできるたのしみ」のひとつとしてはじめた苔の顕微鏡観察は、その後なぜかこの店の「特色」となり、それが、数年前に出した『苔とあるく』（WAVE出版）という本のうまれるきっかけにもなりました。

まだつぶれていません

「あーっ！　こんなところに蟲文庫がある！　もうつぶれたと思ってたわぁ」

店番をしていると、表からこんな声が聞こえてくることがあります。

突然の思いつきで店をはじめたように、いまの場所へ移転したのも、やはり突然のことでした。

ある日、たまたま散歩をしていたところ、子どものころからなじみのあった物件が借家として出ているのを見つけ、もう、何がなんでも蟲文庫はここへ来るんだ、という勢いで万難を排して移ってきたのです。

そんな、当のわたしも想像すらしていなかった移転騒動。いちばん困ったのは、お客さんへのお知らせでした。

古本屋に限ったことではないと思いますが、お名前や連絡先まで把握している方というのは案外少ないものです。顔を合わせれば世間話に花が咲くような常連さんでも、実はお互いの名字すら知らない、ということも別に珍しくはありません。

町の古本屋というのは、気の向いたときや、何かのついでに立ち寄ることが多い場所です。新店舗に移るまでの、実質二ヶ月足らずのあいだにタイミングよくみえた方などごくわずか。結局、お知らせできないままになった方のほうが圧倒的でした。

おかげで、あれからずいぶんたったいまでも、往来から冒頭のような声が聞こえてくるというわけです。

大阪にお住まいのOさんという男性も、そんな、お知らせのかなわなかった中のおひとりでした。店をはじめて間もないころから、お盆とお正月には必ず覗いてくださっていた方です。

人の顔を覚えるのは苦手なほうなのですが、Oさんはお顔立ちにも体つきにも少し特徴があるうえ、いつもきまって、店の片隅にひっそりとあるレコード・CDコーナーから、家賃に困ったわたしが泣く泣く棚に出したようなものばかりをお買い上げになるので、そのうちなんとなく言葉を交わすようになったのです。

はじめは、大阪在住の岡山出身者なのだろう、くらいに思っていたのですが、そういえばこのOさん、岡山の人間が数年の移住で身に付けられるものではない完璧な抑揚の大阪弁です。

わたしは両親とも関西圏の出身で、ものごころつく前からMBS毎日放送ラジオを聴いて育っているので、リスニングには自信があります。あれ、おかしいな、とあるとき尋ねてみたところ、思った通り大阪の生まれ育ち。奥様のご実家が倉敷で、「帰省についてくるのだけれど、なじみのない土地だし、ほかに行くところもなくて」、唯一覗くようになったのが、散歩中に見つけた蟲文庫なのだということでした。

本のことなどほとんど知らず、見よう見まねではじめた古本屋。とにかく毎日が恥のかきどおしで、お客さんと目を合わせるのも恐ろしかったころのこと。

Oさんは、話題が本よりも音楽に寄っていたという気安さもあり、はじめて「世間話」ができるようになった方だったのです。

四月上旬に思い立って、その夏には移転しました。後にはすぐ借り手がついたので、お盆にはもう別のお店が内装工事をはじめているはずです。あのお客さんのことは、大阪にお住まいで奥様のご実家が倉敷、という以外のことは何もわかりません。同じ市内とはいえ、旧店舗は駅から西へ徒歩五分の場所。現在は、まったく違う方向へ二十分くらいは歩きます。

観光の趣味もなければ土地勘もないOさんが、たまたま通りかかる可能性など皆無でした。

店がなくなっているのを知って、いったい何と思われるだろう。そう思うと残念で仕方がありませんでした。

そして、猛暑のなかのハードな引っ越し作業を経て、二〇〇〇年八月上旬、現在の本町に移転オープン。まだ慣れない帳場に座って、新しい店を見に来てくれた友人知人や常連さんへの対応に追われていた、そのお盆休みのことです。

そろそろ日も傾いたころ、表から、

「あーっ！　あった、あったー、ほんまやぁ」

と関西訛りの声が聞こえてきます。見ると、あれ、何やら覚えのあるお顔が。なんと、思いもかけず、あのOさんが奥様に伴われていらっしゃったのです。しばらく言葉にもならないでいるわたしに向かって、Oさんも「場所、変わられたんですねえ」と言うのがやっとのご様子。

「さっき、この人が、あの古本屋さんがなくなってるって、泣きそうな顔して帰ってきて。そういえば最近、この本町あたりのお店に動きがあるって地元の友達から聞いてたのを思い出して、それでもしかしたらと思って来てみたら、ほんとにあって……」

と、このときが初対面となった奥様。

言われてみればその年は、いまの蟲文庫の東隣りにあたる場所にもう二十年以上も続いていた有名なカレー屋さんが閉店したり、空き家だったところにカフェができたり、蕎麦屋ができたり、ということが立て続けにあったのです。

それにしても見事な勘働き。もう、ただただ驚くばかりでした。

とるものもとりあえず、「あの、すみません、住所と名前を書いてください」と紙と鉛筆を差し出したのを思い出します。

そうやって、奇跡的にその年も、いつものペースで覗いてくださったOさんは、もちろん、このお盆にも来てくださいました。

お互いの無事を確認し、ひとしきり茶飲み話をした後、決まって、「じゃあまた、お正月に」と言って帰られた。その言葉を反芻してみて、ああそうだ、たぶんわたしは、こんなふうなお客さんの言葉に励まされて、いままでやってきたのだろうという気がしました。

店をはじめたとき、まさかこんなに長く続くとは思ってもいませんでした。この先のことについても、もちろん何のあてもありません。でも、次の正月まで、お盆まで、と思えばなんとかやっていけそうな気がします。

「もうつぶれたと思ってた」なんて言われるのも、まだ続いていればこそのもの。悪い気はしません。

うちの値段

「店主はただいま出かけております」

紙袋やダンボールを抱えた買い取りのお客さんが入口に現れると、思わずそんな嘘をついて逃げたくなるほど緊張していました。

古本屋は、本を売ることも重要ですが、買うほうはもっと重要です。新刊書店と違ってどこかに問屋さんがあるわけではなく、仕入れはお客さんからの買い取りと古書組合※の市場での売買だけ。しかも、蟲文庫は組合未加入なので、お客さんが持ち込んでくださる本だけが頼みの綱です。

いまでは、ネットでちょちょいと検索すれば、世の中でどんな本が、どんな値段で売られているのかというのは、誰にでも調べることができます。ただ、当時はまだインターネットという言葉すら知られていなかったころでしたので、一般には古本に関する情報など皆無と言っていい状態でした。

そんななかで、世の中にはどんな古本があって、どんな値段がついているのか、という情報を知ることができたのは、当時から毎月読んでいた「彷書月刊」と、近くの同業の先輩から見せてもらう月遅れの目録からだけ。

店頭に「本をお売りください」や「誠実買い取り」などと書いて貼ってはいるものの、実際のところは、何をいくらで買ったらいいのか見当すらつかない状態。買い取り価格に不満を持ったお客さんから「バカにするな！　このド素人が」と怒られたことも一度や二度ではありません。

ただ、古本の値段というのは基本的には店主の独断と偏見の世界。同じ本でも立地や客層で売れ方はずいぶん違うので、自分のこの店で売れるかどうか、ということが最大のポイントです。

ときどき、お客さんから店に並べているある本を指差して「これ、こないだネットで見たらもっといい値段ついてましたよ」などと教えられることがあります。でも、それが自分の店で通用するかどうかはまた別の問題。そして反対に、いわゆる「相場」より多少高くつけてもすぐに売れて行く本だっていくらでもあるのです。

結局、目の前の本にいくらをつけて買い、そして売るか、ということは、どこまで

もその店の個性であり主張なのでしょう。
そう思うようになってからは、だいぶ度胸もつきました。「うちの値段」でいいのです。

古書組合　全国古書籍商組合連合会（全古書連）として一九四七年に創立された、全国古書店の統合組織で、傘下の全国古書組合で交換会（市場）が行われている。

水着の半分

「は、五百円な、水着の半分」

そう言いながら、先輩業者の森川さんがやって来て、帳場にパチンと五百円玉を置く。標準語で「はい、五百円ね」といったところです。

買い取った本のなかにときどき混ざっている水着やヌードの写真集。うちでは扱わないので、少しまとまると森川さんに引き取ってもらいます。そして、そのうち売れたら、半値ほどを届けてくれるのです。

いま古本屋をはじめようという若い人で、成人図書、いわゆるエロ本を扱うかどうかについて悩むケースはあまりないと思います。でも、当時は深刻でした。

いくら高い志を掲げる店であれ、町の古本屋ともなれば、経済的な面を担う商品はエロ。これによる収入なくしては、並べたい本も並べられないというのが実情です。

悩みました。でも森川さんから、

「そうやなぁ、でも女の人ひとりやし、やめといたほうがええで」

と言われ、自分でもそう思い、最初から扱わないことにしたのです。いまでは笑い話のようですが、そのころとしては大きな決断でした。

森川さんの店も、この方面の品揃えについてはかなりソフトなほうですが、

「でもなぁ、たまたま入ってきたようなキツイやつ置いとると、なんでかしらんけど、そんな客が来るんや。あれ、不思議やなぁ」

と言います。これはエロでなくともよくあるケースで、古本屋の七不思議のひとつ。店主が生まれてはじめて手に取るような分野の本を買い取り、それを並べているだけで、通りすがりの人が飛びつくように買って行ったりすることもあるのです。

あのとき、やめておいてよかった、といまさらながら胸をなで下ろしています。

蟲土産と蟲催事

苔や亀が好きで、マニアックでへんてこなＣＤばかり売っていて、ときどき店のなかでライブや展覧会をやったりする古本屋。お土産にはオリジナルのトートバッグや「羊歯《しだ》のぬいぐるみ」、コケ観察キット「苔袋」をどうぞ。

などと、まるで本とは関係のないところばかりが特徴になってしまっている我が蟲文庫。思えば遠くへ来たもんだ。

当初、売るべき本があまりなく、苦肉の策で本以外のものも並べるようになりました。

いちばんはじめは駄菓子。花串、黒棒、わた飴、さくら餅、うまい棒……売値がひとつ十円とか三十円なので、これくらいはなんとか仕入れることができました。嵩《かさ》があり、色味も明るいので、寂しい店の彩りとしては大いに役立ってくれましたが、家賃の足しに、などということは望むべくもありません。

そして、次に思いついたのは手作りのトートバッグなどでした。

手先はわりあい器用なほうなので、自分で何か作るということについては気軽にはじめられます。さっそく家のなかを探し、適当な布地をみつけ袋を縫い、せっかくだからロゴも入れたほうがいいだろうとホームセンターで買ってきたゴム板を彫ってスタンプをつくり、耐水性の絵の具を塗りたくって出来上がった袋にペタリ。オリジナルのトートバッグの完成です。

こんなふうに、暇な店番のかたわらにいろいろなものを作っては並べてみました。そこそこ売れたものもあれば、まったくどうしようもないものもありましたが、全体的に見ればやはりないよりはずっとまし。ましなものは、あるに越したことはありません。

いまでは、ごくたまにですが、肝心の古本よりも、これら「蟲土産」と呼んでいる、あれこれのほうが売り上げがよいこともあります。

また、周りには自分のように、何か作ることが好きな友人知人が多いので、その作品を預かって店に並べているうちに「じゃあ、ちょっと展覧会みたいなことやってみようか」と、だんだんとそんな流れにもなりました。

蔵書票、豆本、絵画、版画、立体作品、てぬぐいなど、普通のギャラリーを借りてやるには作品が小さかったり、少なかったりして無理がある、という作り手にも好評です。

それに、お客さんのほうでも、観光中に何気なく入った店で「ああ、なんだ本屋か」とがっかりしたけれど、ふと見ると、ちょこちょことした作品なども並んでいて、思いがけず長居してしまった、という雰囲気の方も少なくありません。

実際、その作品を買ってくださる方の半分くらいは、通りすがりにたまたま入って来られた観光の方。これは、大原美術館や民芸館のある倉敷という土地柄のせいもあるかもしれません。

そして店内でのライブ。これは、ひょんなことからはじまりました。

いまの店舗へ移転して間もないころ、それまでにも行き来をさせていただいていた、ミュージシャンで詩人の友部正人さんが、ツアーの途中で立ち寄ってくださいました。ちょうどそのころ、友部さんは『no media』という、曲のない朗読だけのCDを企画されていて、そんな流れからでしょうか「蟲文庫で朗読中心のライブなんてできたらいいね。前から全国の古本屋さんをまわるツアーなんてやってみたかったんですよ」と言われたのです。

そのときは、まるで夢物語のように聞いていたのですが、それから二年ほどたった二〇〇三年八月、なんと実現のはこびとなりました。

古本屋をはじめたときと同じで、なにもかもがまったくの見よう見まね。友部さんにもお客さんにも無理を強いてしまった、真夏の酸欠朗読ライブとなりました。売り場を「ステージ」に、売り場を客席にした店内でのライブは、これがはじまりとなりました。そう言えば、「夜の本屋」と銘打った友部さんの本屋ツアーも、これが皮切りだったと記憶しています。

その後、あがた森魚、知久寿焼、工藤冬里、工藤礼子、川手直人、杉本拓、さりとて（杉本拓＋佳村萌）、OraNoa、オグラ、テニスコーツと梅田哲也、かえる目《もく》などなど、知り合いが知り合いを呼んでまたつながり、と、いまではすっかり蟲文庫という店の「看板」のようにもなっています。

そのほか、「篠田昌已 act 1987」というフィルムの上映会や、しまおまほさん、伊沢正名さんのトークイベントも行いました。

こうして並べてみると、自分の店のことながら「はー、すごいなぁ」と、ちょっと

信じられないような気持ちがして、南方熊楠《みなかたくまぐす》の言う「縁と縁の錯雑するところに事象が生じる」という言葉を思い浮かべてしまいます。なにしろ、店の帳場に座っているだけで、こんなことが次から次に起こるのですから。

はじまりは、ただただこの店を維持せんがための努力や工夫でした。どこにも行かず、お金もかけずにできそうなことを手当たり次第にやってみた、というのが実際のところです。

でも、窮すれば通ず、というのか、世界は、思わぬところから広がって行ったのでした。

祖父母

先日、店の表で写真を撮っていると、向こうから見慣れない犬が二匹連れ立って歩いてきました。

前を歩くのが、中型の雑種然とした犬で、その後ろにぴったりとついているのが、小型でグレーの巻き毛の洋犬。その組み合わせだけでもなんだか面白いので、これはシャッターチャンスとばかりパチリとやっていたら、なんと、そのまますんなりと店のなかに入って行ってしまいました。

どちらも首輪をしていて、人にも慣れているふうですが、しかしリードも飼い主も見当たりません。実は少し犬が苦手ということもあり、いったいどうしたものかと遠巻きにおろおろしている私を気に留めるふうもなく、店の床に寝そべり、ごろごろとくつろいだりじゃれあったりして、そして小一時間くらいがたってから、また二匹連れ立って、ふいと去ってゆきました。

そんな話を友人にすると、

「それ、誰か知り合いよ、きっと。おじいちゃんとおばあちゃんあたりじゃないの？」

と言うのです。

もちろん、すぐに真に受けたわけではないですが、そう考えてみるのも悪くないな、とぼんやり思っていると、なんだかだんだんほんとうに、あれは祖父母であったような気がしてきました。

祖父母とは、離れて暮らしていたせいもあって、なんとなくぎこちない間柄でしたが、わたしが店をはじめたことは喜んでくれ、開店祝いに訪ねてくれたとき記念に撮ったスナップ写真は、ほんとうにいい顔をしています。あんまりいい顔なので、その写真の首から下に合成で喪服を着せたものが、翌年相次いで亡くなった二人の遺影に使われたのでした。

開店当初の店はというと、我ながら目を覆いたくなるような、がらんとした、みすぼらしいもので、よくもまあ、あんな笑顔ができたものだと、今になっては思います。

あれから十数年、苦しいながらも続いているこの店は、それでももう誰が見ても「本屋さん」とわかるようなものになりました。

そうだ、今のこの店を、おじいちゃんとおばあちゃんに見てもらいたかったなぁ、と、そんなことをつらつら考えているうちに、私の心のなかではもうすっかり、あの二匹の犬は、姿を変えた祖父母ということに落ち着いていたのでした。

そう言えば、やはりあれから一度も見かけないのです。

第四章

めぐりめぐってあなたのもとへ

観光地の古本屋

蟲文庫は、倉敷の「美観地区」と呼ばれる町並み保存地区の外れのほうにあります。観光地と住宅地との境目あたりで、時間に余裕のあるような人がぶらぶらと歩いて来る、わりあい静かな地域。

お客さんも、近所の常連さんと、遠方からの観光客が半々くらいです。明治中期に建てられた町家そのままの建物ということもあるのでしょう。ここが古本屋だと思わずに、何気なく入ってこられる方も珍しくありません。そのせいか、大型連休やお祭りの日などは、表の通りがそのまま店内へとなだれ込んでくるような激しい混雑ぶりを見せることもあります。

ただ、それだけに「古本屋における暗黙の了解」が通用しない場面もしばしば。値段がどこに付いているのかわからない、蟲文庫という屋号を見て文庫本専門店と勘違いをされる、というのは序の口で、本以外のものはほとんど置いていないにもか

かわらず、

「ここは何をする場所ですか？」

とか、貸本を知る世代ではない若い方からも、

「この本は売り物ですか？」

というようなことを頻繁に尋ねられます。

行楽シーズンともなると一日に何度も何度も「古本屋です」「売り物です」と繰り返すことになるのです。

それから、これは観光地ならではでしょうか。入ってくるなり「トイレは……」という、これは生理現象なので仕方がないと言えば仕方がないのですが、それにしても、棚の本には一瞥《いちべつ》もくれず、

「ひと回りしてくるあいだ、荷物を預かってもらえませんか？」

とか、一度は、

「ちょっと、子どもを見ておいてもらえませんかね？」

なんていうことを頼まれたこともありました。

ちなみに、貴重品以外の荷物は、場合によってはお預かりすることもありますが、

お子さんはお断わりしています。

さらに、店内はもちろん、店主のわたしや、ほかのお客さんにまで無遠慮にカメラを向ける人、接客をしないと言って怒りだす人、帳場の奥にある眺めのよい裏庭に「喫茶コーナーをつくるべきだ」と熱心に訴えていく人、とまあ、こんなことなら枚挙にいとまがありません。

本が好きだというだけで古本屋になったわたしには苦痛でしかありませんが、ただ、裏返せば、これは、古本屋の持つ独特の入りにくさがない、ということでもあるのでしょう。

普段は本屋にも古本屋にも縁のない人も、「へえ、古本屋かぁ」と言いながら、ふと「ひさしぶりに本でも読んでみようかな」と本棚に手を伸ばす。これは、いつ見ても気持ちのいい光景です。

「もう何十年もずっと、この本を探していたんですよ」

そう言ったきり、あとは言葉も出ずに、その本を見つめている女性。

「この訳者、うちの爺《じい》さんなんです。こんな本があったなんて知らなかった」と顔を紅潮させて、「爺さん」の思い出話を聞かせてくれる若者。

そんな、本と人とのドラマチックとも言える出会いを目《ま》の当たりにすることもあります。

そんなとき、その人がまるで抱きしめるようにしている本というのは、たいてい「ああ、そう言えばこんな本もあったなあ」と思うような、わたし自身も忘れかけていたような、値段にしても定価の何割引きかといったような地味な本。でもたしかに、そういう本ほど、いざ探すとなると大変なのです。

それが、倉敷へ観光に来て、何気なくのぞいた古本屋にあったものだから、感激もひとしおなのでしょう。その本が、ここに並ぶまでの経緯を知りたがる方も少なくありません。

たぶん、その人は、本を買っていくというよりは、その本にまつわる想いを形として得るためにお金を払うのだと思います。店を出ていく後ろ姿が、ほんの少し地面から浮きあがって見えることもあります。

蟲文庫は、仕入れの九割以上がお客さんからの買い取りで、十坪にも満たない狭い店で古本全般を扱う、ほとんど「いきあたりばったり」でやっているような店です。

商売として、あまり褒められたものではありませんが、でも、そんなお客さんとの出会いは、〝ならでは〟というのか、その甲斐のようなものが感じられる瞬間です。

こんな古本屋に未来はあるのかどうかわかりません。でも、うれしい仕事だと思っています。

二十五年前の小学生

「田中さんが小学生の時に、わしに怒られたことがある言うて聞いた時は、ほんまにショックやったわ」

いまは先輩業者である、倉敷駅前の「ふるほんや読楽館」で、わたしは小学生時分、マンガを立ち読みしようとして怒られたことがあるのです。

店をはじめる少し前、まだ客として出入りしていた頃、店主の森川さんにふとそんな話をしたら、ひどく驚いたあと、「わしももう、そんな歳になるんかあ……」と絶句し、以来、ことあるごとにこの話になります。

小学校の高学年の頃、近所の友達に誘われて、そろばん教室に通っていたことがありました。しかし、もともと数字というものに極端に弱いため、まったく上達の兆しがみられず、くわえてその教室は、生徒を競わせるような指導方針をとっており、その頂点には常に、幼少時より英才教育をほどこされた経営者の娘さんが〝天才そろばん少女〟さながらに「必勝」かなにか書かれたハチマキをしめて君臨、というような状態（脚色ではありません。ほんとうにそんな感じでしたし、座る場所も〝出来る子〟と〝出来ない子〟とは分けられていました）。

「数字」に「競争」といえば、苦手とする分野の両巨頭。早々にドロップアウトしたわたしは、しばしば教室を抜け出すようになったのです。

それで、抜け出して何をしていたかといえば、立ち読み。

そろばん教室は倉敷駅前の古い商店街にあり、近くには「平和書房」という小さな新刊書店と、「あしび書房」そして「ふるほんや読楽館」の二軒の古本屋がありました。

田んぼと蓮根畑が広がる郊外の新興住宅地で育ったため、古本屋にはあまりなじみがなく、最初は明るく小綺麗な新刊書店へ行っていたのですが、あんまり同じところばかりで立ち読みをするのは子供心にも気が引けて、そのうち〝河岸《かし》をかえる〟ような感覚で古本屋へ出入りするようになりました。また、好みの本がみつかれば、新刊書店で買うよりもずっとお得であるということも学習しました。

「あしび書房」は、五坪ほどの店内に文芸書やマンガなどを中心に置いてある、昔ながらの〝町の古本屋さん〟で、三十代くらいの優しそうな、しかし本に詳しいわけではないような女性が店番をしていました。わりと最近になって知ったのですが、ここは市内の、ある大きな病院の事務長さんがやっていて、店は親戚の女性などにまかせていたということです。

小学生が立ち読みし放題だった、あの威圧感のない、そしてどこか無頓着な雰囲気は、なるほどそういうことだったのか、と妙に納得がいきました。

古本屋に本を売る、ということを知ったのもこの頃ですが、読み終わった本などを「買って」と言って持っていくと「子供がこうしてお金を得るというのは、あまりよいことではない」というようなことを、少し悲しそうな顔をして諭された思い出もあります。

「ふるほんや読楽館」もすぐ近くでしたが、「あしび書房」よりずっと入りにくい雰囲気なのは、なんとなく感じていました。ただ、小さなお店に並んでいる、小学生女子が好みそうな本など数が知れています。だんだんと「平和書房」と「あしび書房」だけでは飽き足らなくなったわたしは、新たな立ち読みスポットを求めて、ある時ついに森川さんの店へ足を踏み入れました。

そこで、マンガを一冊手に取って開いた瞬間に飛んできたのが「ちょっとそこの子、立ち読みはやめてもらえるかな」というひと言。

その、よく通る、やや甲高い大きな声と怒気をふくんだ断固とした口調は、いまもこうして行き来があるだけに、リアルに頭の中で再現できます。いやもう怖かったのなんの。その後、高校生くらいになって本格的に古本屋通いをするようになるまでは、近寄ることすらできませんでした。

ただ、いまにして思えば、これは「古本屋のおやじ」といってイメージするタイプの人物に出会った最初の体験で、その後、古本屋へ入る時のマナーというか、暗黙の了解のようなものが、あの一瞬でたたき込まれたような気はしています。

最近、森川さんと「ところであのとき、何歳だったんでしょうね」という話になりました。わたしが五年生くらいだったというところから計算してみると、たぶん店をはじめて間がない二十八歳くらいだったろうということ。
「おやじ」というにはまだまだ若かったわけですが、いわく「もう古本屋をはじめる時点で〝隠居〟のつもりやったからなあ、それがいまもこうしてなんとか続いとるだけよ」ということなので、やはり「おやじ」には違いなかったようです。

古本屋の世界は、タテの関係が比較的稀薄なところがありますが、森川さんは特にそういったものを嫌う性質なので、わたしが駆け出しも駆け出し、右も左もわからないような頃から対等に接してくれていました。

あのとき立ち読みを注意された小学生は、いまや当時の森川さんの年齢を追い抜き、そしてしょっちゅう顔を合わせては、その日の売り上げがいかに少ないかというのを自慢し合っているのです。

「二十五年前かあ、そりゃあお互いトシがいくはずやわなあ」と笑いながら、でももしかしたら、うちの店にもそんな小学生が来ているのかもしれない、などと思ってもみるのですが……でもやっぱり、未来ある小学生のみなさんには、あまりおすすめ出来る道ではないとも思うのです。

置きっぱなしのブローティガン

古本屋というところは、たとえば、お客さんから「○○という本ありませんか？」と尋ねられた数日後、まさにその本を別のお客さんが売りに来るというような偶然が、わりによくあります。

まるで本のほうがこちらを目指してやって来たのではないかしら、とか、どう考えても、これは本に呼ばれていたに違いない、そう思えるような不思議な出会いは、なにも古本屋でなくとも、本好きの方であれば、おそらく一度や二度の経験はあるのではないかと思います。

わたしにとってのそんな一冊に、リチャード・ブローティガンの『アメリカの鱒釣り』藤本和子訳（晶文社）があります。これはブローティガンのなかではもっとも有名な作品で、入手も容易。別に珍しくもなんともありません。そもそもわたしはブローティガンの熱心な読者でもなかったりします。ですが、わたしの手元にある『アメリカの鱒釣り』、これはちょっと特別なのです。

まだ、店をはじめる前のことです。近所の古本屋で何気なく手にした、『現代詩手帖』（思潮社）の特集「ブローティガンを読む」（一九九二年二月号）のなかで、当時から熱心に聴いていた友部正人さんの「ブローティガン日和」という文章に出会いました。

ブローティガンの、なんだかわかったような、よくわからないような、詩的で浮遊感のある世界が、そのまま、わかったような、わからないような詩的な浮遊感でもって書かれてあって、「なるほど、そうか」と、それまでつかみかねていたブローティガンの世界は、「何もつかむ必要などはない」ということに、ぼんやりと気がついたのでした。

高校時代から、社会学を中心としたノンフィクションばかり読んでいた当時のわたしの、ひとつの目覚めのようなものでした。

少し長くなりますが、その「ブローティガン日和」の冒頭部分を引用します。

もう何年か前、とあるスタジオの階段に『アメリカの鱒釣り』が置いてあった。

そこはふつうは本を置いておくような場所じゃなかったけど、捨ててあるようにも見えなかったのでそのままにしておいた。明け方近く、帰るときにもう一度見ると、『アメリカの鱒釣り』はあいかわらずそこにあって、もう誰も取りには来ないようだった。ぼくはそれを鞄に入れて家に持ち帰った。スタジオの階段に置きっぱなしになっていた『アメリカの鱒釣り』は、今度はぼくの本棚の中で今日まで置きっぱなしになっていた。

今日引っぱり出してきて見ると、表紙の写真の女性の口のところに煙草の焼け焦げがあった。ぼくはもう十年以上煙草を吸っていないから、本を階段に置きっぱなしにした人がつけたんだろう。ぼくはその焼け焦げを無視して、『アメリカの鱒釣り』を読みはじめた。

（友部正人「ブローティガン日和」より）

さて、それからというもの、小説類を読みあさるようになったわたしは、一年もたたないうちに古本屋をはじめることになるのですが、ちょうどそのころ、近くで行われた「友部正人ライブ」にて、たまたまご本人とお話をする機会を得ました。とはいえ、ファンであるわたしにとっては、雲の上のような人です。何を話していいやらわからず、結局「近々古本屋をはじめるんです」と言って、開店案内のチラシをお渡しするのが精一杯でした。

ところが、それから二～三ヶ月ほどしたころ、なんと「引っ越しをするので、本の処分に困っていたところです。よかったらお店に並べてください」と、ダンボールに数箱分の蔵書が届いたのです。

あまりのこと（近所の先輩業者、森川さんにも、「あんた、友部正人が本送ってきてくれたっていうだけでも、古本屋はじめた甲斐があったなぁ」と言われたほどです）に、箱を前にしばらく呆然としていたのですが、ともかく気を落ち着けて、なかの本を確認しはじめたわたしは思わず息をのみました。そこには、「ブローティガン日和」の中に出てくる、あの「焼け焦げのある『アメリカの鱒釣り』」が入っていたのです。

かくして、「とあるスタジオの階段」から「友部正人の本棚」と置きっぱなし人生を歩んできた『アメリカの鱒釣り』は、めぐりめぐっていまはわたしの本棚で置きっぱなしになっているのですが、大波小波、これまで何度となくあった、蟲文庫存続の危機の場面でも、その都度この本を手に取っては、「でも、ここでやめたら友部さん

に申し訳ないな」、とそう思い直してきたようなところがあるのです。

私が死んだら、いっしょに棺桶に入れて焼いてほしいと思う一冊ではありますが、でもまた誰かの本棚で置きっぱなしになるのもいいなと迷うところでもあります。

あのときの感想文

先日、定年退職されたばかりの高校時代の恩師と、笠岡市新山にある木山捷平《しょうへい》の生家を訪ねました。

木山捷平は、井伏鱒二や太宰治などと親交の深かった作家で、その飄逸《ひょういつ》でユーモアのある作風から、いまも根強いファンを持っています。

郷土作家というのは、よほど著名な人物でないかぎり、案外地元では知られていないものです。木山捷平も古本屋の世界では知らぬ人のほうが珍しいほどの人気ですが、実はわたしも、自分が古本屋になるまで知りませんでした。

先生は国語教師としての最後の数年間を、木山捷平の母校である矢掛高校（旧制矢掛中学）で教鞭をとられていたのですが、熱心に読むようになったのは、やはり赴任してからだということです。

その先生と、あるとき、近くの文学館であった「井伏鱒二と木山捷平」という展示を見に行った先で偶然再会し、意気投合。今度ぜひ、一緒に「木山捷平ツアー」をしましょう、という約束をしていたのでした。

初夏のおだやかな気候のなか、生家や墓地、井笠鉄道記念館など、周囲にあるゆかりの地を訪ね、高校時代の思い出話をしながら過ごしました。

ところで、高校時代の国語の先生といまも行き来があるなんていうと、まるで優秀な生徒だったみたいですが、実際はその反対。本を読むのは好きだったので、現代文や漢字の読み書きこそ、そこそこの成績でしたが、作文や感想文が大の苦手。毎回、規定の原稿用紙三枚に、最初の三行ほどだけちょろりと書いて提出するようなありさまでした。いまこうして本一冊分にもなる文章を書いているのが信じられないほど、当時はほんとうに何も書けなかったのです。

それでも、本が好きな生徒、ということで大目にみてくださったのか、ことさら強いるようなことは言われず、ただひたすら読むという楽しみを味わうことができた三年間でした。

たしか、三年生の最後くらいの読書感想文だったと思うのですが、太宰治の『人間失格』について、例によって、たった三行だけ書いて提出したところ、赤ペンで「もっと続きが読みたいです」という言葉がそえられて戻ってきました。
あの続きではありませんが、この本ができたら、先生にお送りしようと思っています。

木山さんの梅酒

この五月の中ごろ、ひさしぶりに木山捷平の生家と古城山公園の詩碑を訪ねました。倉敷駅発山陽本線下り糸崎行き。高校の三年間、時には怠けながらもなんとか通い続けた路線です。

倉敷駅の隣、西阿知駅を出てしばらくすると列車は高梁川《たかはしがわ》という一級河川にさしかかります。そしてこの川を渡ると、いよいよ我らが「木山文化圏」。

木山文化圏というのは、なぜかこの地域に知り合いが集中しているという、フリーライターの荻原魚雷さんが命名されたもので、木山捷平が、「わが文学の故郷」と呼んだ、「草深い備中の田舎」。現在の行政区分で言えば、生家のある笠岡市を中心とした、その周辺の井原市、小田郡、浅口郡一帯を指す、ごく個人的な感覚においての分類です。木山捷平の随筆には、われわれの郷土は北に中国山脈の連峯をもち、南に泉水のやうな瀬戸内海をもつてゐる。シベリヤからの寒風は、その山脈にさへぎられ、太平洋の怒濤は四国の島にくだかれて聴くべくもない。われわれはさうした環境の中に育つた。（中略）それゆゑにか、われわれの詩はほがらかで明るい。人をとことんまで引きつける力に欠けてゐる。

「詩と郷土」

また、晩年の随筆にも、

概して美人は少ないようである。気候が温暖だから顔にひきしまりがなくなるのかも知れない。

「四国の女」

などということが書かれてありますが、たしかにそんな、良きにつけ悪しきにつけ、温暖でおっとりとした気候風土と人間性が特徴と言えば特徴のところです。

この地方特有のなだらかな山々が、という表現はどこかで読んで覚えたもので、ほんとうのところは、見慣れた景色にその言葉を重ねて眺めているだけですが、ともかく、そのぽかんと広い空の下にゆるく波うつ山々を見やるうちに、なるほどこんな風景を見て育てば「乗り越えよう」とか「登り詰めよう」などという発想が生まれにくいのも道理だという気がしてきます。

わたしの母校、この木山文化圏内にあるK高校は、小中と、地域の学校になじめず、なかば逃げ出すように受験し、通うことになった学校でした。

第二次ベビーブームの真っ只中、あの苛烈を極めた受験戦争時代に、進学希望者が半数もいないという、まあ要するにダメな、良く言えばおっとりとした学校で、そんな空気はわたしの性分に合っていたのでしょう。苦手な勉強や人付き合いはそこそこに、所属していた生物部では変形菌（粘菌）を求めて野山を這いずり回り、休み時間はもちろん授業中にまで、ひたすら図書館で借りた本を読みふけるという、「苔好きの変な古本屋」と呼ばれる現在の自分の原形のようなものをこしらえることになったのです。

三月二十六日生れの私は、クラスの中でビリから二番目の生徒だった。背も低く知能も劣っていた。この偶然的な運命が私の一生を支配していたかも知れないのである。

「わが半生記」

三月十七日生まれのわたしも、とても他人事とは思えません。「いやぁ、まったく難儀じゃった」とため息をついているうちに、列車は笠岡駅へ。改札口にはこの日、一日付き合ってくれる約束のKちゃんが待っていてくれました。

その一週間ほど前のことです。いつものように店番をしていると、どことなく見覚えのあるお顔の男性が入ってこられました。そして、棚の本に目をやるよりも先に、こちらを向いて「田中さんですか?」と尋ねられました。

はて、どこでお会いした方だったかしらと思いつつ「はい」と答えたところ、その男性は帽子を取られ、にっこりと笑うと、

「わたし、木山と言います。木山捷平の息子です」

そう名乗られたのです。その方は、木山萬里《ばんり》さんでした。

驚いたのはもちろんですが、それにしてもなぜわたしの店をご存知なのかと不思議に思い、ご挨拶もそこそこにお尋ねしたところ、

「いやぁ、笠岡のHさんがね、あなたの書いた苔の本を送ってくれたんですよ。それでね、ちょっと覗いてみたくなったもんだから」

とおっしゃいます。

Hさんというのは、店をはじめた当初からのお客さんで、いま笠岡市で木山捷平文学賞の担当をしている人です。わたしが木山捷平ファンだということを知って気を利かせてくださったのでした。わたしはこの前の年『苔とあるく』という苔観察の入門書を出したところだったのです。

練馬区立野町の、木山ファンにはなじみ深いあのお宅にいまもお住まいということですが、お墓がこちらにあるため、岡山には再々来られているのだということ。

お茶をすすめ、ちょうど来週、お墓参りに行こうと思っているということや、わたしがK高校の出身だというようなことなどを話すと、「そうなの！」と、それからしばらくいろいろな思い出話を聞かせてくださいました。萬里さんも、疎開のため、小学校の二年生からの六年間をこの地方で過ごされたということです。

「いまにして思えばたったの六年間で、わたしももう七十二だから、年数だけで言えば十分の一を切ったんですけどね。でも、心のなかでのウエイトは、どんどん大きくなるんですよ」

そう言われていたのが印象的でした。

こうして図らずも、木山萬里氏直々に、事前の「ガイド」をしていただく光栄に浴したのです。

今回同行してくれたKちゃんは、わたしよりひと回りほど若い友人で、東京の音大を卒業したばかりのピアノ教師なのですが、生まれも育ちも、笠岡とは山ひとつ隔てた井原市で、しかもおじいさんの代からという木山捷平ファン。地元を題材にした作品によく登場する備中弁も、当然ながら実にナチュラル。その素朴で愛らしい人柄といい容姿といい、本人には内緒で、「絶滅危惧種」に指定している、見本のような木山文化圏の娘さんです。

そういえばつい先日も、わたしの店でお茶をすすりながらこんな話をしてくれました。

「うちのおじいちゃん、最近歳とってきて、山でよう狐につままれるんよ」

「狐につままれるいうて？」

「よう知っとるところで迷うたり……、雨が降ったら昼でも狐が出るけん、山へ行っちゃいけん言うんじゃけど」

わたしは、「ふうん、それぁ困ったなあ」などと相づちを打ちながら、「おじいさんの綴方」のはじめのほうで、その翌朝には疫痢《えきり》で亡くなってしまう弟が、「もう往のう（帰ろう）や、兄さん。おそくなるとこんこが出るけん」と兄をせかす場面を思い浮かべました。

この辺りは、二十一世紀に突入したいまでも、まだ辛うじて、こんなふうに狐が暮らせる場所でもあるのでしょう。

この日、まずは笠岡駅からも遠くない古城山公園へ。「尋三の春」で、生徒らが大倉先生と遠足に来る公園ですが、いまここには、没後間もなく井伏鱒二の呼びかけによって建てられた詩碑があります。

杉山をとほりて
杉山の中に

一本松を見出でたり。
あたりの杉に交つて
あたりの杉のやうに
まつすぐ立つてゐるその姿
その姿がどうもをかしかりけり。

「杉山の松」

この詩が持つ、とてつもなくのんびりとした空気がよく似合う、暑くもなく寒くもない「いまがいちばんええときじゃねえ」という月並みのセリフが思わず口をつくような、そんな気持ちのよいお天気。周囲に植えられた木々は、どれもこれもよく茂り、その色とりどりの緑のなかにぽっかりと浮かぶように碑は建っていました。

正面からしばらく眺めているうちに、ふとこの詩碑から見える笠岡湾の風景を確かめてみたくなって、つま先立ちでよろよろしていると、Kちゃんが「ここ、夏は笠岡の花火がよう見えるから取り合いになるんよ」と、詩碑の台座をぽんぽんと軽くたたきました。実は先ほどから上がろうか上がるまいかと躊躇《ちゅうちょ》していたところだったので、それでは、とちょっと失礼して上がってみました。
詩碑は、三味線のバチを横倒しにしたような形をしているのですが、おそらく花火の日には、このちょうどいい塩梅《あんばい》の傾斜をすべり台がわりにして遊ぶ子どもがいるに違いない、とそんな想像もしてみました。
木々の隙間から見える瀬戸内海は、霞がかかっていて、よくは見渡せませんでしたが、笠岡諸島へ向かうのであろう汽船が沖へと向かっているところでした。

「この海はな、瀬戸内海言うて日本で一番小さい海じゃ。まあ一口に言や、海の子供じゃ。太平洋というのや、印度洋というのは、この何千倍何万倍あるか分からん程じゃ」

「尋三の春」

生まれてはじめて目にする紺碧の海に目を見張る「草深い田舎」の子どもたちに向かって、大倉先生が言い聞かせる言葉が浮かんできます。
午後は、地元のスーパーで高野槇《こうやまき》を買って生家へ。笠岡から県道四十八号線を北上。

その「尋三の春」の遠足と同じコースです。片道八キロ、車でもけっこうな時間がかかります。

まず、裏山の長福寺まで上がってから生家へ。最小限の手入れは近所の方に頼まれているそうで、もう何十年も空き家のままだというのに、母屋はまだまだしっかりとしています。庭木の間には、みさを夫人のものとふたつ並んだ詩碑があり、しばらく眺めたり触ってみたりしてから、その上に落ちていた楓のプロペラをつまんでポケットに入れました。

お墓へは、このたびがはじめてだったのですが、「生家の裏」という情報だけしか仕入れてこなかったため、予想外に迷いました。何しろ周囲は木山姓だらけです。しばらく歩き回った揚げ句、近くで農作業をしていたおじいさんに尋ねたのですが、このあたりでは、普段誰かに道を尋ねられるということなどないのでしょう。「うーん……あっちのほうなんじゃやけぇど」と申し訳なさそうな困ったような顔で、我々がいま来た道を指さすばかり。

仕方がないので、ともかくお礼を言って、指さされたほうへ戻っていくと、ふいにさきほどのおじいさんがカブで追い越していきました。そして数十メートル先で止まったかと思うとこちらを振り返り「捷平さんとこの墓はここじゃ」と藪のなかの細い道を指さしてくれたのです。作業の手をとめて、わざわざ追いかけてきてくれたのでした。なるほど、気をつけて見ると小さな案内札が立っていました。

Kちゃんとふたり、口々にお礼を言い頭を下げ、ほっとした表情で畑に戻って行くおじいさんを見送ってから、いざ墓参り。人がひとりやっと通れる程度の細く急な坂道は、播州の山奥にある父の郷里の墓地とよく似ていました。

生家を見下ろすように一列に並んだうちのなかほどに、遺言の通り「木山捷平」とだけ刻まれた墓標がありました。花立てに持参した高野槇を挿し、線香を焚いて手を合わせ、「お墓いうところはな、きれいにだけしとったら、長《な》ごうはおらんでええねんで」という、祖母の言葉を思い出しながら、その場を後にしました。

お墓から生家のほうへまっすぐ下りられる細い道を見つけたので、今度はそこを通ってみることにしました。お参りのときには、誰もがここを上り下りするのでしょう。

裏の土塀まで来ると、あたりに、まだ青い梅がいくつも落ちていました。見上げてみるとすぐ手前の藪の脇に大きな梅の木があり、青く堅そうな実がまばらについています。落ちているものは、おそらく収穫のときにはねられたものなのでしょう、あらためて見るとどれも傷や虫食いがありました。「梅酒ならなんとかいけるだろう」、梅を見るといてもたってもいられない性分のわたしは、落ちているなかから、まだいくらかきれいなものを二十個ばかり拾い上げ、持っていた手提げ袋に入れて持ち帰りました。

そして、その晩、さっそく漬けた梅酒の瓶には、この日の思い出に「木山さんの梅酒」と書いたラベルを貼り、帳場の机の陰に置きました。

「一篇の詩でも小説でも、五十年後百年後の人がひとりでも読んでくれたらうれしい。それが自分の望みである」

木山捷平が生前、みさを夫人に向かってよく話した言葉だということですが、この言葉は、息子である萬里さんもまるで遺言のように思っておられるようで、店を訪ねてくださったときにも、「だから、あなたみたいな若い人に読んでもらえるのはほんとうにありがたい」と、しみじみ話してくださいました。

店の表に、もうとっくに会期の終了している、ふくやま文学館の特別展「井伏鱒二と木山捷平」のポスターを貼ったままにしています。観光地なので、いろいろな地方の人が前を通り過ぎるのですが、思いのほか多くの人がこの前で足を止め「おっ、木山捷平かぁ」と声を上げます。もちろん、そのほとんどは、もうお孫さんも大きくなられたようなご年配の方なのですが、それにしても、ある世代より上の方は、たいてい木山捷平の名前を知っていて、そして、なんとはなしに親しい感情を抱いているということが、その声音からもうかがうことができるのです。

あのころから、時代はずいぶん変わりました。でも、より先へ、より前へという世のなかの風潮が性に合わないという人は、どんな時代にも変わりなくいるはずです。いや、庶民と呼ばれるわたしたちは、いつもたいていそんなところではないでしょうか。

木山捷平の文学は、そんなわたしたちの心を、ふっと温かくゆるめさせ、そして、その、どこ吹く風といった風情の猫の欠伸《あくび》のような反骨で、そっと励ましてくれているのだろうと思います。

「出来ることばかりが能ではない、出来ないからこそ出来ることもある」

これは、心身の成長が遅く、愚図と言われ続けたわたしが、それでもこうして、なんとか世間と折り合いをつけられるようになるまでに得た、自分なりの人生哲学みたいなものですが、囲碁や将棋の好きだった木山捷平の名文句、「駄目も目である」に

どこか通じるものがあるようで気に入っています。
投げやりでも開き直りでもない、ただ「とにもかくにも生きている」という実感だろうと思うのです。
木山捷平の詩や小説を愛読する人がいる限り、世の中もそう捨てたもんじゃない。このごろだいぶいい色になってきた「木山さんの梅酒」を眺めながら、つくづくそう思います。

永井さんのこと

苔についてのことなら、何か書けるかもしれない。そう思って書いた「苔観察日常」という文章が、「12 water stories magazine」という雑誌に掲載されました。日記や宿題以外で書いた、生まれてはじめての文章です。

この雑誌は、美術作家の永井宏さんが「日常に根ざすアート」をコンセプトに、プロの書き手から、まったくの素人の書いたものまでをまとめた雑誌で、一九九九〜二〇〇一年にかけて、九号まで出されました。文章が中心のものですが、書店よりは、雑貨屋さんやカフェに似合う雰囲気で、そもそもわたしがこの雑誌を知ったのも、ある友人から「こないだ神戸の雑貨屋さんでこんな本見つけたんだけど、蟲文庫にも入れられないかな?」と頼まれたことが、きっかけでした。

頼まれると、めったなことでは嫌と言えない性格なので、ダメで元々と思いながらも教えられた編集部の住所に葉書を書いてお願いしてみたところ、意外にもすぐに返事をもらい、取り扱いをはじめたのです。

その後、編集長である永井宏さんや、この本に関わるさまざまな人々との行き来がはじまり、そうこうしているうちに、

「田中さんも、何か書いてみなよ。古本屋のこととかさぁ。そうだ苔のことなんてどう？　何か書けそうじゃない？」

なんてことに。

それまで、文章らしい文章は一度も書いたことがなく、自分が古本屋をやっているのも書き手ではなく、あくまで読み手であるからだ、という意気込みのようなものすら持っていたので、当然「そんなの無理ですよ、書けません」とお断わりしました。

それでも、「上手とか下手とか、そんなのどうでもいいんだよ。苔のことなんて書けるの、田中さんしかいないでしょ」と、うまいこと乗せてくださり、気がついたら次の号に書くことに。

「苔観察日常」が書き上がるまでの、編集者である永井さんとのやりとりのなかで、はじめて、読み手（他者）に伝えようと努力することで、思いも寄らないものや言葉が生まれたり、蘇ったりするということを体験しました。このときの感覚は、いまも、

文章を書くときの基本になっています。

　そして、その「上手いとか、下手とか、そんなのはどうでもいい。とにかく手を動かしてみること」という言葉は、いつのまにか、自分の思い描いていた古本屋像からずいぶん外れてしまった「蟲文庫」に対する、朗らかな開き直りをも与えてくれました。

　その永井さんが、昨年の四月、急逝されました。わたしと同じ心臓の疾患があり、最近では、季節に一度はお互いの体調について報告し合う病気仲間のようなところもあったのですが、原因はほかの病によるものでした。

　実際にお会いするのは、ごくたまにだったこともあり、いまも実感がありません。でも「あ、永井ですけど、どう？　最近」という、永井さんからの長電話は、もうかかってこないんだな、ということがふいに意識されては、どしんとその重さを感じます。

「やろうと思えば、誰にでもできるんだよ。おれにだってできるんだからさぁ」

　と口癖のように言っていた永井さんの、そのふわりすんなりとしてチャーミングな、でも、そのなかに一本の強い思いのこもった作風は、ほんとうは決して誰にも真似できないものでした。

最後に電話で話したとき、いま苔に続いて亀の本を書いていると伝えたら、ちょっと呆れたような、でも楽しそうな声でこう言ってくれました。

「いいじゃない、田中さんらしくて。まあともかくどんどん書きなさいよ。上手い文章じゃないんだけど、なんかいいからさ」

苔観察日常

雨上がりの、苔むした岩の手触りというものは、とても気持ちのいいものです。雨水を含んだ、あのつつましく美しい緑は、しっとりと柔かくて、山に特有のふわりとした甘い匂いのなか、するするするすると無心に撫で続けている自分にハッとすることもあります。

たぶんもう何年も何十年も、きっと誰も触ってはいないだろうと思われる深い山のなかにある苔でも、指先で軽くつまんだだけで、あっけないくらい簡単にはがれてしまいます。

それというのも、苔は根のような根でないようなヒョロヒョロとしたヒゲのようなもので地面や岩にくっついていて、ほかの植物のように、そこから養分を吸収するというのではなく、主に体の表面から空気中のかすかな湿り気だとか陽の光を取り込んで、それを自分のなかで栄養分に変えていくことによって生活しているからだそうです。

生えるというよりは、むしろ「湧く」という言葉のほうがぴったりくるような、その場所のその環境ゆえにそこにいるといったふうでもあって、ほんとうに「霞を食って生きている」のだから、なんというかっこよさだろうと羨ましくなります。

そんなだから、いたずらにぺりぺりはがしてしまった後も、またそっと元にもどして上から軽くぽんぽんとたたいておけば、たいがいは大丈夫です。

でも、むやみにぺりぺりはしないでください。

わたしは、「岡山コケの会」という、苔観察や研究、苔庭、苔写真などに興味のある人々の集まりのなかの、観察と研究を主としている班に所属しています。

ここは苔の研究でご飯を食べているという、本物の研究者の先生がたを中心に、かなりアカデミックな活動もしているのですが、しかしわたしのように、「なんだか苔が好きなので」というような、漠然とした主体性のない初心者にも、きちんとそれなりの応対をしてくださる、とても親切なところです。

そこで現在わたしは初歩段階である、「パッと見ただけで、その苔の名前がわかるようになる」ことを目標に活動しているのですが、そもそも、どうして苔なのか、ということを考えてみると、高校生のころに何気なく入った生物部で、当時の顧問の先生が専門としていた変形菌（森や林の中の朽ちた倒木などに生える菌類の一種。一生の間に動物的な時期と植物的な時期とがある、非常に魅惑的で面白い生態を持っている。粘菌ともいい、数年前に南方熊楠がらみで一躍有名に）の採集に、あちこちの山をついて歩くことになったのがきっかけでした。

その奇妙で多彩な様子には心奪われるものがありましたが、たとえば、梅雨の晴れ間の雑木林に分け入り、這いずり回って探す、しかも、ものすごく小さいので、相当の慣れと勘がないと見つからない、ということなどをはじめ、わたしのような軟弱者の個人的な趣味にするには、少々ディープかつハードな世界で、早い話が挫折したのです。

そんなとき、ふいと意識しはじめたのが、いつでもどこでも「当然」といった風情で「そこ」にある苔の存在で、本格的に取り組みはじめたのも、観察方法が変形菌とほぼ同じで、しかも数段ラクであるという安易な理由からだったのです。

しかし、いざ向き合ってみると、苔というものは、そんな理科的な関心以上に、満ちることを好まず、陰や隅というものに心を配る、わたしたち日本人の生活や精神面と深く関わってくる、不思議な存在感を持っていることに気がつくようになりました。それが苔に惹かれるいちばん大きな理由のように思います。

そして苔にしても変形菌にしても、日常、あまり人々に顧みられない存在であるにもかかわらず、一歩足を踏み入れてみると、その多様さや生態は驚くほどドラマチックで、その落差が、「隠花植物」の「隠花植物」と呼ばれるにふさわしい魅力であるようにも感じています。

苔植物は、正式には「蘚苔類《せんたいるい》」といって、スギゴケなどに代表される蘚類と、ゼニゴケなどの苔類、そして数種のツノゴケ類を含みます。

よく古い木の幹や石垣などに、べたっと張り付いている、灰緑色やにぶい黄色をした苔のようなものがありますが、あれは「地衣類」といって、どちらかというと水のなかの藻に近い生き物になります。

苔が生えているところと言えば、すぐに森のなかの暗くて湿っぽい場所を連想します。たしかに大部分の苔はそういうところが大好きですが、でも実際には、意外とどこにでも生えているもので、たとえば町中でも普通に見られるものに、ギンゴケというのがありますが、その名の通り、まわりの緑の苔とはあきらかに違う、印象的な美しい銀白色で、小型ながら遠目にも簡単に見つけることができます。

このギンゴケは、比較的日当たりのいい場所を好み、過酷な環境にも難なく適応できる非常に強い種類で、都会の舗道の上から、静かな山奥、富士山頂、果てはわずかな苔類以外は成育できないといわれる南極にまで生えているそうです。すごいのです。

とはいえ、苔観察というからには、醍醐味《だいごみ》はやはり山歩きです。あまり人の手の入っていない、うっそうとした原生林の残っている、しかも滝のあるような空中湿度の高い場所なら、言うことはありません。そういうところは少し遠くからでもなんとなく、ふっくらと豊かな雰囲気が漂っています。

そしてもう少し近づくと、一粒一粒が目に見えそうな、ひんやりとした水蒸気の粒子が皮膚に染み込んでくるようで、不思議な安心感と、そしていくらかの息苦しさを覚えます。

さまざまな種類の苔が、どれもほんとうにみずみずしくうれしそうで、コウヤノマンネングサという大型の美しい苔や、野外でも肉眼で葉細胞を見ることができる、薄くて柔らかい葉を持つアブラゴケなど、はるばる足を延ばした甲斐を思わせてくれるものたちを目にすることもできます。

そんな場所なのだから、ただ眺めて歩くだけのほうが、たぶんずっと楽しくて気持ちがいいのだろうとは思うのですが、わたしの場合は一応、「パッと見ただけで種類の同定ができるようになる」というのが目標なので、苔目的の山歩きとなると、いきおい可愛げないものになってしまうのです。

地図を広げ、大体の見当をつけると、車の運転のできないわたしは、まず友人を拝み倒して、無理矢理、「しょうがないなぁ」との了解を得た後に、ルーペ、採集袋、小型ナイフ、方位磁石、高度計、手帳、筆記用具を準備して出かけます（この場合、同行を願う友人は、必ずおとなしくてのんびりとした性格の人でないといけません）。

目的地に到着したら、後はただひたすら下を向いて歩くだけです。まず視線は常に自分の膝から下あたり、左右をちらちらみやりながら一歩一歩前へ。そして何か見つけようものなら、ルーペを片目に、かがみ込んで這いつくばって、「あぁ、チョウチンゴケの仲間かな、ええっと、こっちのヒトは……」などと、独りぶつぶつ言いながら、ためつすがめつすることになるのですが、言うまでもなく、苔というのはほんとうに小さな生き物なので、はっきりとした見分けがつきにくく、ましてやわたしは駆け出しなので、ほとんどのものは「これとこれは違う」ということくらいしかわかりません。

そこで用意していた採集袋に、ほんのひとつまみを持ち帰って、図鑑を繰り、顕微鏡を覗き込んで、名前を付けていきます。

この「名前を付ける」というのは、種の同定作業のことで、自分で勝手に好きな名前を付ける、という意味ではありません。でもムクムクゴケだとかツチノウエノタマゴケなんていう、どうも適当に付けたとしか思えない名前を持つものも少なくはないのですが。

そしてこの顕微鏡観察という段階も楽しみのひとつで、肉眼では見分けがつかない、小さな小さな苔の葉を、少しフェティッシュな色気すら感じさせるほどの精巧さを持つ精密ピンセットで、ひとつひとつ取り外して、二枚のガラスに挟んだプレパラートを作り、葉の形や葉身細胞を確認します。

「苔の美は顕微鏡下にこそ」と言われるように、接眼レンズを覗きながら、ゆっくりとピントを合わせていくと、その像を結んだ瞬間は、眩暈《めまい》のような、なんだか自分の体の大きさや重さがわからなくなるような、えも言われぬ心地よい感覚が広がります。

これはたまりません。「いつの日か、あのトロトロした緑の細胞の海にわたしも混ぜてもらいたい……」などと夢見ています。

こうしてなにかと脱線しつつも、少しずつ名前付けを進めていきます。外出がおっくうになる真冬などは、この作業にうってつけで、それまでに採りためていた標本予備軍を、少しずつ片付けにかかるのですが、冷えきったしんとした真夜中に、少し調子に乗って、エドガー・プローゼの羊歯の写真も美しいジャケットのLP『ypsilon in malaysian pale』などをかけて、体感温度がさらに下がるような、時間の感覚を失わせる、静謐でミニマル※な音世界に浸って顕微鏡を覗いていると、もう、わたしの細胞までが恍惚としてきて、やはりなかなか作業ははかどりません。

しかし、そうこうしつつもようやく何ものなのかがわかった苔は、学名、和名、採集場所、生育基物（生えている物のこと。たとえば、岩上とか切り株など）等の必要な情報を書き込んだ標本ラベルを付け、わたしの標本庫にしまわれます。これでひとまず一連の作業は完了。

正直言ってなかなか面倒なのですが、でもここまでやっておけば、これはもう立派な科学的証拠標本になりますし、自然の一部を私有化するということで、これが採集者としての当然のモラルだろうという意見にはうなずくしかないので、なんとかがんばっています。

ところで苔というのは、このような乾燥した状態のまま、当分は「眠って」いるのだそうで、何かのきっかけで条件が揃えば、またなんでもない顔をして、再び胞子を飛ばし、発芽して、それがまた胞子体をつくり……というふうなライフサイクルを繰り返すこともできるというのです。

苔植物は菌類や藻類と羊歯植物の中間くらい、動物でいうなら両生類のような存在で何億年もの昔、最初に陸へ上がった緑だといわれています。

そして、それがいまもこうしてわたしたちの身の回りで普通に生きているのを見ていると、永瀬清子の「苔について」という詩にあるのですが、「あぁ、人間の負けだなあ」という思いがします。

といってもちろん、苔に勝ちたいというわけではありませんが、ただ、わたしたちがほんとうにもろくて頼りない存在なんだという自覚を持ってみると、地面すれすれのところにいながら、誰も煩らわせることなく、だまってきちんと丁寧に生き続けているという苔の、そのゆるぎない力強さを前にして、なんだか恥ずかしくなってしまうのです。

もちろん、いつもそんなことを考えながら、苔に向かっているわけではありませんが、公園や川のほとりをぶらぶらしながら、遠目に眺めたり、座り込んでぼんやり撫でてみたりしている時間は、そんなに優雅ではない日常のなかで、ものぐさなわたしが、どうしても取り落としてしまっている、時にはわざと見て見ぬふりをしている事柄に、あらためて向き合い、拾い上げて、そうしてできるものなら慈《いつく》しむ、という、少し痛みのある過程を引き出してくれるような気がします。

わたしは、生まれ育った倉敷市で、「蟲文庫」という古本屋をしています。数年前に移転したいまの店は、わたしの子どものころからのお散歩コースでもある、鶴形山という、小高い丘陵地を背にして建っているのですが、ここは倉敷の市街地のなかに、ぽっかりと島のようにある鎮守の森で、店のなかから眺めることのできる裏庭は、その山裾の石垣をそのまま取り込むようにできている、素晴らしい日陰の庭です。

おかげで、以前から好きで育てていた羊歯や苔の育ちがいいこと。これだけでも引っ越した甲斐があったと思うほどです。

いまのところは、もともと生えている蔓性の植物を含め、放っておいても育つものだけに育ってもらっているという状態で、当分はこのままを愉しもうと思っています。

でも最近「庭」とか「庭園」というものの考え方にも興味があって、たとえば、島国である日本では、古くは「庭」と「島」とが同じ意味で使われていたそうです。島のような森にある我が家の庭、そう考えただけでも鳥肌が立ちます。

これはひとつ、ちょっとした庭でもつくらねば、という考えも浮かんできますが、でも、そういえば、平安時代の世界最古級といわれる造園技術書に「庭をつくるには石の乞わんに従う」、要するに自然の求むるままに、というようなことが書かれてあるそうです。

「あ、じゃあ、やっぱりこのままのほうがいいかも」と、早くも怠け者のわたしが都合のいいように解釈してしまうので、我ながらあまり期待は持てません。

ミニマル　ミニマル・ミュージックの略。微かな音の型を少しずつ変えながら反復する形式をとる。

聖書の赤いおじさん

夏至を過ぎたとはいえ、まだまだ日の長い季節。お客さんが来る、来ないは別にして、「そろそろ閉めようかな」と自分が思うまで店を開けていられるのは、ほんとうにうれしいことだと思います。

まだ、いまの場所に移転してくる前のことですが、夕方になると、ときどき立ち寄ってくれる、職方風の小柄なおじさんがいました。

仕事あがりに駅前の立ち呑み屋でいっぱいひっかけての帰り道ということらしく、いつも赤ら顔。

「わりぃな、酒くさくてよ」などと言いながらも、買っていかれる本は、たいてい『それでも聖母は信じた』というような、キリスト教系のさまざまな教団から出されている、少々マニアックで硬めの本。

『聖書』は何種類も揃えているようで、「こりゃあウチにねえ（無い）な」という、ぼそっとしたつぶやきが聞こえてくることもありました。

「本やこう（なんか）買《こ》うてけえったら（帰ったら）、酒呑んでしょんべんになったほうが、なんぼかマシじゃ言うて、嬶《かかあ》にケチつけられるんじゃけどな」と笑いながら、それでも来るたびに、一冊、二冊と作業着のポケットにねじ込んである、くしゃくしゃのお札を出して買っていってくれました。

とくに何を話すわけでもなかったのですが、なんとなく好きなおじさんでした。

当時、わたしは週四日ほど、郵便局で夕方からのアルバイトをしていました。十九時から二十二時までの仕事なので、バイトのある日は少し早めに店を切り上げなくてはならないのですが、お客さんというのは、そう都合よく来たり帰ったりしてくれるものではありません。

せっかく熱心に本を選んでくださっているというのに、「すみません、今日はそろそろ閉めるので」と言って、お帰りいただくこともしばしば。

売り上げが足りなくてアルバイトをしているというのに、なんてこった、と情けなくて仕方がありませんでした。

ある日、今日も郵便局だからそろそろ閉めなくては、と思っているところに、あのおじさんが来てしまいました。おじさんは、お酒が入っているせいもあって、もともと滞在時間が長めです。時計を見ると、始業時間まであと四十分。自転車を飛ばせば十分程度の距離ですが、途中で信号にひっかかったり、事務室まで行って出勤簿に判子を捺《お》したり、ということを考えれば、少なくとも十五分前には店を出ないと間に合いません。残り二十五分。

「お願いだから、あと二十分で本を決めてください」そう祈るような気持ちで、そわそわと帳場に座っていたのですが、やはりその願いもむなしく、とうとう時間切れ。

「あの、すみません。今日はもう閉めないといけなくて……」と声をかけると、おじさんは、「ああ、わりかったな」と言って帰っていきました。

おじさんは、仕事帰りの作業着のまま、赤い顔をして古本屋に来ることに遠慮もあったようで、いつも「こんな汚ねえ格好で、酒やこ呑んできてわりぃなあ」と言っていました。もしかしたら、わたしが迷惑がっていると思ったのかもしれません。以来、ぱたりと来なくなってしまいました。

そして、それから一年もしないうちに店を移転することになり、おじさんが仕事帰りに通りかかる蟲文庫もなくなってしまったのでした。

最近になって、いまの店の近くでおじさんを見かけました。ちょうど十時ごろだったので、午前中の休憩だったのでしょう。同じ現場仲間のような人たちと、こちらに向かって歩いていました。さすがに赤い顔ではありませんでしたが、まぎれもなく、あの「聖書のおじさん」です。

「あ、おじさん」と思って、一生懸命おじさんのほうを見ました。一瞬、目が合ったような気がしたのですが、でも、おじさんは気がつかなかったようでした。

考えてみれば、あれからもう何年もたっているうえ、おじさんが立ち寄ってくれていたあの店は、もうとっくになくなっているのです。無理もありません。

閉店間際、もう一時間以上もためつすがめつ粘っているお客さんに、結局百円の文庫本すら買ってもらえず一日が終わる、ということも珍しくありません。でも、やっぱり、売れる、売れないは別にして、気の済むまで店を開けていられるというのは、幸せなことだなと思います。

本をお賣り下さい

着物を着た女性が、ランプの下で一心に本を読んでいる、大正ロマン風のイラストに、「本をお賣り下さい」というコピーの入ったポスターを、もうずっと前から帳場の横の壁に貼っています。

元は、近くの先輩業者である「ふるほんや読楽館」に貼ってあったもので、あるとき、ひょんなことから譲り受けました。このポスター、古本屋になる以前から、読楽館へ行くたびにいつも見とれていたものなのです。

ちょうど昨年のいまごろのことです。そのご夫妻が入ってこられたとき、どういうわけか、わたしの古本の師である、横浜の「一艸堂石田書店」の石田夫妻を連想しました。あらためて見ると、とくに似ているということはありませんし、年齢もずっとお若いようです。それに「いや、古本屋というよりは画廊主かしら」というような印象も同時に持ったのですが、でも何というのか、そのおふたりのあいだに流れる空気のようなものが、どことなく「古本屋のご夫妻」のように感じられたのでした。

それからしばらく店内をご覧になり、それぞれお買い上げくださったのですが、ご主人のほうが、件《くだん》のポスターを見て、「わぁ、なつかしい」と言われました。

わたしが、「あ、それは組合の……」と言うと、「わたしも組合員なんですよ」と言われます（そういうわたしのほうは実は組合員じゃないんですが）。

驚いて伺うと、なんと東京のえびな書店さんでした。

わたしが、これはお世話になっている古本屋にあったものを云々、といきさつをお話しすると、「全連かな、いや明治古典会……いや、やっぱり全連の大市のときだ。わたしが頼んで作ってもらったんですよ、もうずいぶん前」と言われるではないですか。

思わず舞い上がってしまって、それ以上詳しくお話を伺う余裕をなくしてしまったのが、いまとなっては悔やまれますが、ともあれ、最初の「古本屋のご夫妻」という印象も、やはり間違っていなかったのでした。

でも、実を言えば、お名前を伺って、「うわっ、あのえびな書店さん！」と思いはしたものの、はて、自分はいったいどこでこのお店のことを知ったのだったか、またご専門が何なのかという肝心のことについては、すぐには思い出せませんでした。まったくいいかげんなものです。

ところがその日の夜のこと、そろそろ休もうかと布団に入り、枕元にあれこれと積み上げている本のなかから、なんとなく『石神井書林　日録』内堀弘（晶文社）を手に取りました。これまでに何度も読み返している本なので、適当なところから開きます。そして開いた途端、「あっ！」と声が出ました。

美術書をあてずっぽうに買われた内堀さんが、専門のえびな書店さんに見てもらったところ、ずいぶんと高く買いすぎたことが判明するというくだり。わたしも身につまされるような話ですが、同時に内堀さんほどの方でもそうなんだという、なんだか古本屋としての寿命が延びたように感じる好きなエピソードです。

そう、えびな書店という名前は、この本で親しんでいたのでした。そして、「画廊主のような」という印象もあながち外れてはいなかったというわけです。

そういえば以前、あるベテランの古本屋さんから「この前、コケの研究者の本がごそっと出てさあ、よっぽどいくらかで買ってあなたに回そうかと思ったんだけど、やっぱりどうしても（値段が）付けられなくて、結局市に出しちゃったよ」と言われたこともありました。

残念と言えばたいへん残念ですが、そのお気持ちは痛いほどわかります。ちなみにわたしは、その「大量のコケの本を手放した研究者」が、どなたかということまで、すぐに察しがつきました。餅は餅屋、というやつです。

古本全般を扱う「町の古本屋」であるわたしが「専門」という言葉を使うわけにいきませんが、普段扱わないジャンルの本に値段を付けるというのは、まるで知らない言語で書かれた本を読んでみろと言われているような、何とも言えない無力感をともないます。持ち込まれた本を前に、内心脂汗をかきながら値段を付けることもしばしば。

でも、古本屋をやっていていちばん楽しいのは、そういう自分の興味の向く範囲だけでは到底知り得ない本に出会えるところだとも思っています。

ところで、それからしばらくして、思いがけずえびな書店さんからお手紙が届きました。

「片づけ物をしていたら、貴店内で見かけたポスターの『完全版』が出てきたので進呈します」

と、作られた当時のぴかぴかのままのそのポスターが同封されていたのです。

なんでも、えびな書店さんがデザイナーであるYさんにお願いして作ってもらったものだそうで、Yさんに倉敷でポスターのある店を見たとお伝えしたところ、たいへん喜ばれたということです。

そしてわたしはそのお礼状に、「思えばわたしは、このポスターにそそのかされて古本屋になったのではないかという気がしています」と書いてお送りしました。

岡山文庫のこと

「えっ、なんですかこれ！　こんな本があるんですか！」

わたしの開いている古本屋は観光地の一角にあるため、他の都道府県からみえる方も多く、観光シーズンになると、本屋のお客さんというよりは、町並み散策のついでに何気なく立ち寄られたといったケースが増えます。

帳場のすぐ前にある岡山文庫のコーナーは、本好きの方にも、それほどでもない方にもなぜか非常に目に付くようで、簡単な説明をすると「いいなあ、うちの県にもあったらいいのに」と感心されたり、面白がられたり、あれこれと質問攻めにされたりする。せっかくだからと「岡山土産」として買って行かれることも珍しくはありません。

岡山県の百科事典とうたわれる岡山文庫は、地元で主に教育図書や生徒手帳を発行している日本文教出版の創立十五周年にあたる昭和三十八年に企画され、その翌年より刊行がはじまりました。そして二百九十巻を超える現在も継続しているという、県民であれば、たいていいつかどこかで見たことのあるシリーズなのです。

写真を多く使用した実用向けの文庫本で、テーマは自然、歴史、文化、風俗など。『岡山の鳥』『岡山の城と城址』などのオーソドックスなものから、『岡山の中学校運動場』のような、思わず首をかしげたくなるものまで多岐にわたっています。ちなみにこの運動場の号は、県内の中学校のグラウンドの大きさ、見取り図に写真、そしてそれぞれの特色が短いコメントの形で添えられています。著者は昭和七年生まれの体育の先生。「屋外運動場に関心を持ち出してから早三十年、つくづく運動場は生きているんだなあと感じる」という書き出しもすごいと思います。

いつも手許に置いているのは『木山捷平の世界』。長く品切れになっていたのですが、幸いにも最近再版されました。他に岡山出身の文学者のものは薄田泣菫《すすきだきゅうきん》、内田百閒《ひゃっけん》、西東三鬼《さいとうさんき》など。

『岡山の天文気象』は天文学者と気象学者との共著で、天文のほうは、『天文台日記』（中公文庫ＢＩＢＬＩＯ）や『天文屋渡世』（みすず書房）などの著書がある石田五郎。岡山天体物理観測所に、その創設の頃から長く勤めておられました。

『岡山の鏝絵』『岡山の木造校舎』などは眺めているだけでもたのしく、最近出された中では『岡山の妖怪事典』が気に入っています。クダンや小豆洗い、スネコスリなどの妖怪が、実際に県内のどの地区のどのあたりで目撃されたか、またはそういった伝説があるかなどについて現地写真とともに丁寧に解説されていて、思わず行ってみたくなります。

いち古本屋の知る限りではありますが、秘かにファンの多い、人気の高いシリーズだと思います。ふだんは買い取りの本の中に数冊ばらばらと混ざっているといった感じですが、たまに一巻から、例えば二百六十巻くらいまで完全に揃った状態で入ってくることもあります。もとは会員頒布による販売だったため、一度購入の手続きをすると、それぞれのテーマに興味があろうとなかろうと発行されるたびに必ず届き、揃って行くのです。そして、刊行開始から五十年ほどがたった現在では、それぞれの事情により、まとまった形で古本屋へとやってくるケースも増えてきました。

ただ、物心ついた頃には書店に並んでいたような気がするので、おそらくある程度の数発行されてからは店頭販売もはじまったのではないかと思います。

いまも比較的大きな新刊書店の郷土本のコーナーにはたいてい置いてあるので、見かけるとつい立ち止まり、知らないタイトルがないか、最新刊はどんなものだろうと確認してしまいます。

わたしの店でも、ここ数年は常に百冊前後並んでいるので、来店のたびにチェックして行かれる方も少なくはなく、コンプリートを目指しているというお話を伺うこともあります。

ところで、お客さんの中でも古本になじみのある方などからは、時々「なんだか、カラーブックスみたいですね」と言われることがあります。じつはわたしも、このふたつの本が全く別のものであるとはっきり認識したのは高校生くらいの頃でした。こまかい横縞のあるビニールカバーのかかった装幀といい、本文に使われているアート系の用紙といい、たしかにその佇まいはカラーブックスを連想させます。

調べてみたところ、カラーブックスの一号は昭和三十七年に出された『ヒマラヤ』で、対する我らが岡山文庫の一巻『岡山の植物』はその二年後。おそらく、世間での好評をうけ、手本としたのではないかと思います。

ただ、岡山文庫はカラーではありません。昭和五十年頃に出された、ある巻の著者によれば、「図鑑のような内容ですからね、そりゃあカラーでないのは遺憾ではありましたけど、あの時代にはまだ難しかったですね」ということでした。また、平成二十年に出された第二百五十五巻『「備中吹屋」を歩く』から装幀が一新され、カバーはミラー加工された用紙になりました。

愛着の深いあのビニールカバーでなくなったのは非常に残念でしたが、古本屋という仕事柄、経年で黄ばんだビニールが縮んで反り返ったり、隅っこに砂やほこりがたまったりするのには手を焼いてきたので、手入れしやすくなってよかったなとも思いました。

もう何年も前、当時神保町にあった、地方・小出版流通センターのアンテナショップ「書肆アクセス」を訪ねた時のことです。ふとレジ前の棚を見ると、岡山文庫の一巻から最新巻までがずらりと並べられており仰天したことがありました。お店の方から、岡山出身者のみならず興味を持たれる方も少なくないと伺い、うれしかったのはもちろん、生まれてはじめての神保町で、偶然同郷の人と居合わせたような安堵感を覚えたことはいまでも忘れられません。

わたしは生まれも育ちも岡山ですが、両親とも兵庫県出身者ということもあって、岡山に対する郷土愛のようなものはぼちぼちだと思っていました。ですがこの光景を見た時、ああやっぱり岡山県民なんだなあと実感しました。

日本文教出版のホームページをのぞいてみると「順次刊行予定」とあるので、これからも心待ちにしています。

奇跡の果実

先日、三年ぶり、二度目となる、友部正人さんのライブが実現しました。狭い古本屋の中に丸椅子をならべて、やっとこさっとこ三十五人。いったん座るとほとんど身動きも取れないような状態になりますが、ただ、マイクを入れない、まったくの生演奏。それを、一番後ろの人でもわずか四メートル程度という至近距離で観られる贅沢はそう体験できるものではありません。

蟲文庫は、売り場部分が約六坪、それに帳場が二坪。店主ひとりで切り盛りする古本屋としては手頃な大きさですが、さて、ここでライブ。それも三十人以上が入るというと、「いったいどうやって？」とたいていの人は驚きます。

お客さんが少なめの時は、本棚などはなんとかそのままいけるのですが、三十人前後となれば、壁面の棚以外はすべて裏庭に移動させるという大騒ぎ。しかも、好きでやっているだけに、赤字にならなければめでたしめでたしというくらいで、儲けらしい儲けはありません。「では、いったいどうして？」そんな声もきこえてきそうです。

そもそも、なぜ古本屋の中でイベントをやろうと思うようになったのかと考えてみると、それは、「せっかく苦労して家賃を払っているのだから、このスペースを使って、何か他のことにも利用できないだろうか」という、ほとんどセコイと言っていいほどの、地味でつましい発想によるものでした。わたしひとりが店番をしているだけではもったいない、とそう思ったからなのです。「新しいスタイルの古本屋をめざして」などとは、もちろんゆめゆめ考えていませんでした。

店をはじめた当初、理想としていた古本屋像は、例えば東京の私鉄沿線駅周辺にあるような、色気も素っ気もない、古本全般を扱う、ほんのちょっと硬めの店でした。しかし、見よう見まねのまま、自分に出来そうな範囲のことを探り探りやっているうちに、いつのまにやら、こんなことになっていたのです。

でも、そのおかげで思いも寄らない出会いや出来事にも恵まれることになりました。

友部正人さんとの出会いについては、「置きっぱなしのブローティガン」という文章にも書いているのですが、ちょうど店をはじめる直前の頃、近くであったライブのお手伝いをしたのがきっかけで、その後「お店に並べてください」とたくさんの蔵書をお送りくださった、という思いもかけない出来事があったのです（このことは、『耳をすます旅人』（水声社）というご自身のエッセイ集の中にもちらっと登場しています）。

おかげでいまも行き来をさせていただいており、それが、こんな小さな古本屋でのライブの実現にもつながりました。

ところで、このたびのライブの打ち上げの席でのこと、その日「楽屋」として使っていただいた、ふだんは私物などを置いている二階の部屋から降りてこられた友部さんが、「本棚にあった、阿部慎一の『美代子阿佐ヶ谷気分※』いいね。ぼくも持ってたのに、いつの間にか無くなっちゃって」

と言われるのです。わたしは「えっ？」と驚いてしまいました。

というのもその本は、他でもない友部さんご自信が、以前送ってくださったものだったからです。二百冊近くはあったろう中から、売らずに置いていた、わずか二、三冊のうちの一冊です。忘れるわけがありません。

「あれは、友部さんの本ですよ」

そう答えると、今度は友部さんのほうが絶句されたのです。

二階からおろしてきてお渡しすると、奥様のユミさんとおふたりで、ためつすがめつ。

「この背の焼けかた、たしかにうちにあった風だな」とは言われるものの、それでもどうも納得がいかない様子。『美代子阿佐ヶ谷気分』は「ガロ」の連載当時から読んでいて、大好きだったたし、思い入れもある。それを自ら手放しただなんて、とても信じられない、とそんな風でした。

とはいえ、間違いないということは自信を持って言えますし、そんな大切な本だったと知っては、これ以上わたしが持っているわけにもいきません。

うろ覚えですが、たしかその当時、老朽化にともなう取壊しのため、長らくお住いだった一軒家からの引っ越しを余儀なくされ、なんとか本を減らさなくては、という事情がおありだったように思います。もしかしたら、そのどさくさの中で紛れ込んでしまったのかもしれません。

「よかったら、持って帰ってください」と言うと、いまは簡単に手に入る本ではないのだし、とんでもない、と遠慮されたのですが、「この本のおかげで、これまでめげずにやって来られたようなものですから、だからぜひ持って帰ってください」、そうあらためてお話しすると、ようやく受け取ってくださいました。

わたし自身、この本が手許を離れていくことに寂しさを感じないといえば嘘になりますが、でも、それと同時に、何か気概のようなものもうまれてきたのです。

思えば、かけだしの、いちファンの古本屋に本を送ってくださった、というその「奇跡の果実」※を少しずつ、少しずつ食べながら、ここまでやってきたような気がします。『美代子阿佐ヶ谷気分』は、そのシンボルのようなものでした。そしていままでは、その種子から出来た小さな芽を、ゆっくりと守り育てているところです。あとはもう、自分次第ということなのでしょう。

こうして、店をはじめた時に送られてきた（中に紛れ込んでいた？）『美代子阿佐ヶ谷気分』は、十数年ぶりに、またご本人の本棚へと戻っていきました。そして、それ

からしばらくしていただいたお手紙には、

「すっかり忘れていて、まだ思い出してはいないのですが、でもありがとう」

と書かれてありました。

美代子阿佐ヶ谷気分　阿部慎一（青林堂）、昭和五十四年、限定九百部。
奇跡の果実　一九九四年に発表された、同タイトルのCDに収録されている曲の名前。

文学全集一掃顚末記

このごろようやく、増えすぎた本の処分に頭を痛めるようになってきました。本屋なのに本がない、という情けない状態で営業すること十年あまり、開店当初から知っているような友人知人は、このところ来るたびに「本、増えたよねぇ、ほんと増えたよねぇ」としつこいように言います。

売れない本を処分するとなると、まずその標的になるのが、百科事典や文学全集のたぐい。うちの店にも長年、河出書房（現・河出書房新社）の日本文学全集が、中途半端に抜けた状態で棚の上のほうに鎮座ましましていました。一冊二百円程度を付け、年に一、二冊、思い出したように売れることがありましたが、もともと全三十九巻が揃っていたものなので、十年かかっても、たいして減ったようには感じられませんでした。

この全集の元の持ち主は父でした。と言っても、昭和四十年代高度経済成長期の典型的サラリーマン家庭であった我が家の、やはりこの手の本の多くと同じように、一種のインテリアであったにすぎません。

「口は出さんが金も出さん」主義の父は、店をはじめたときもほぼノータッチでしたが、ただ、本棚を作るのに四苦八苦しているわたしに電動工具の使い方を指導してくれ、そして、この文学全集だけは「やるわ」といって提供してくれました。たぶん、家のほうでもいいかげん邪魔になっていたのでしょう。

たいした蓄えもなく、思いつきだけではじめてしまったような古本屋です。手持ちの本四百〜五百冊からスタートした後も、本の仕入れはままならず、慢性的な品不足に悩まされました。

ふらりと入って来られたお客さんから「ここはなんで本がたくさんあるんですか？」と尋ねられたことがあったほどですから、その惨状はご想像いただけるかと思います。

ほとんど売れず、場所だけを塞いでいるような全集でも、だからこそありがたいものでした。

ところが、その後の父の急逝をきっかけに、思い切って副業のアルバイトをやめ古本屋専業となったころから、にわかに本が増えはじめたのです。そうしているうちに、ついにこの文学全集も「現在の古本業界にあるべきまっとうな立場」へと追いやられることになりました。

売れない、ということだけならまだしも、こういうものを並べていると、

客「うちにもあるんだけど買ってくれるの?」
蟲「いや〜、もう最近は揃いモノはまったくダメでして……」
客「でも、売ってるじゃない」
蟲「……」

というような押し問答もしょっちゅうで、正直なところかなり面倒くさいのです。
ただ、これはほかでもない父から譲り受け、これまでの十年間「古本屋らしさ」を醸し出すのに活躍してくれた本たちです。じゃあ処分しましょう、という気持ちには、なかなかなれませんでした。
そんなある日のことです。地元の方らしい六十歳前後の男性が棚を見上げ、「そこ

の文学全集……」と興味をしめされました。てっきりいつものように「うちにもあるんだけど」なんて言われるのだろうとばかり思って身構えていたところ、意外にもその方が尋ねられたのは売値でした。

「一冊二百円です」と答えると、「そんなに安いの？」としばらく絶句したあと、あれも懐かしい、これも懐かしいと全体の三分の二ほどを棚から抜き出し支払いを済ませると、「近くなんで、車をとってきますから」と出て行かれました。

突然すかすかになった棚の、その残された三分の一を確認してみると、『井伏鱒二』『徳田秋聲・正宗白鳥』など、地味でわたし好みのものばかり。これならこのまま並べていてもいいなと思いながら、ふと目にとまった『尾崎一雄・上林暁・永井龍男』の巻をまた読み返してみたくなり、棚から下ろして帳場の机の上に置きました。

それからほどなく、先ほどのお客さんが戻ってこられたのですが、入ってくるなり「やっぱり残りも全部もらうわ」と言うが早いか、こちらに冊数の確認だけさせて、あっという間に車に積み込んでしまったのです。

捨てるに捨てられなかった不揃いの全集がいっぺんに、それも三十冊近く売れたのですから、ほんとうなら喜ぶべき場面でしょう。でも思わず口をついて出たのは「あーあ、全部いっちゃった」という、ため息まじりのひと言でした。

「なにも全部じゃなくてもなぁ」などと身勝手な独り言を言いながら帳場の椅子に腰を下ろし、ふと机の上をみると、そう、そうでした、目の前にはさきほど棚から抜き取った『尾崎一雄・上林暁・永井龍男』の一冊が残っていたのです。

このときの嬉しかったことといったらありません。薄汚れた全集の端本が光り輝いて見えるなんて、この先もそうあることではないでしょう。

父は、昔気質のぶっきらぼうで、「粋」などという言葉とは別の惑星に住んでいたような人でしたが、どうやらあの世へ行って、少し洒落っ気でも身に付けたのでしょう。なかなか粋なはからいをしてくれたものだ、といまはわたしの書棚に収まっているその本を見るたび、ついにやにやしてしまいます。

第五章　そして店番は続く

苔と古本の道

「あなた一日二十七時間くらいあるでしょう?」

静まり返った古本屋の帳場に座っているわたしに、冗談めかして言った人がいました。

「時間の止まったような場所」、よくそんなふうにも言われます。

日々、想像もつかないような数の本が世に出されているいま、地方の町の小さな古本屋にとって、それは本の大海原というイメージです。そうなると、さしずめ自分は海岸の潮だまりにいるような感覚でしょうか。まるでイソギンチャクか何かのように帳場に張り付いたまま、そんなところへ偶然流れ着いたり、打ち寄せられたりしたものを集め、少し眺めてから手入れをして自分の店の棚に並べています。

いまは、四、五年前に発行された本でも、すでに品切れということも珍しくはなくなっています。稀覯本《きこうぼん》などの類いはめったに入荷しない、古本全般を扱う、いわゆる

「町の古本屋」であるわたしの店でも、あらためて棚を見渡してみると、そのほとんどが、すでに新刊書店では買えない本という状態。昭和三十年から四十年代にかけて大量に出回った文学全集の、その端本なども、値段を付ければせいぜい百円から五百円程度のものですが、たとえば、ある全集の巻の終わりのほうの『名作集（大正編）』などは、水上滝太郎、荒畑寒村、田村俊子、平出修、上司小剣、久米正雄、佐佐木茂索、豊島与志雄、内田百閒、長谷川如是閑《にょぜかん》、前田河広一郎、中勘助、長与善郎、稲垣足穂《たるほ》、犬養健という作家がひとまとめになっている上、さらには作品の解説や各作家の年譜までついています。なかには現在、文庫などでも読めない作家や作品が収められている場合もありますので、地味ながらもこれはなかなか面白い世界です。

とはいえ、こんなことが自分の生活の糧なのですから、たしかに「時間が止まったような」と形容されるのも、それは無理もないことかもしれません。

ところで、最近『苔とあるく』という本を出版しました。わたしが古本屋の傍らに親しんでいる苔について、その生態や観察方法を、写真やイラストを交えて解説した入門書のようなものです。

苔の本といえば、これまでは図鑑や専門書がほとんどでしたので、もう少し、いわゆる「文系」寄りの、植物についての基本的な知識、たとえば「葉緑素」や「配偶体」などという言葉も、そういえばはるか昔に理科の授業で習った記憶がうっすらと、というような人にもあまり抵抗なく読んでいただけるよう、本文は実体験に基づいたエッセイ風に、解説の部分でも専門用語はできるだけ少なく書くということを心がけました。

生物という分野は、文字通り生き物が相手なので、科学的な説明だけでは割り切れない曖昧さがありますが、おかげでそんなつかみ所のない魅力もいくらかは表せたのではないかと思っています。

この本を書いて以来、「なぜ古本屋さんが苔の本を?」という質問を受けることが増えました。これには、本を読むことや、本そのものが好きだということと同じように、単に苔が好きだからとしか答えようがありません。ただ、先日、古本の世界でもよく知られるある書評家の方が「苔を見るとなると立ち止まる。近づく。なおも近づく。そのとき、普段見えなかったものが見えてくる。古本と似ているんだ」という感想をくださいました。

海辺に立ち、はるか水平線の向こうを眺めるとき、足元の潮だまりなど意識もしませんが、でも、ふと身をかがめてなかを覗き込んでみると、そこは、そこにしかない色とりどりの世界が広がっています。それと同じように、いつもの風景のなかにある苔を発見し、近づいてみる。そういえば、苔観察の初心者に「樹木や花を見る感覚ではだめですよ、ちょうど活字を追うくらいのピントで探してみてください」とアドバイスすることがあります。実はそんな共通点もあるのです。

苔といえば、滝のそばや川べりなど、湿度の高い場所に生えるイメージがあります。太古の海から、最初に陸へと上がった緑だと言われていて、海藻などの藻類と羊歯植物との中間くらいに位置する原始的な植物です。ほかのいわゆる高等植物のように、体内に水分を蓄えるための組織は発達しておらず、水の多い場所に生えるという性質はそのようなところに由来するのでしょう。ただ、街中の街路樹やカラカラに乾いたブロック塀にも生えているというのは、乾燥したまま、次に水分補給の機会ができるまで呼吸も光合成も止めて「休眠」できるという特性によるもので、そしてそのために、何億年もの昔からほとんど姿を変えることなくいまもこうしてわたしたちの身の回りに、当たり前のように生えているということです。

「進化の主要な道筋から外れてしまった蘚苔類（苔の学問上の名称）は、謙遜して独自の新しい生活環境をつくり出した」

これはイギリスの植物学者コーナー博士の言葉ですが、これほど苔の特性を的確に表した言葉はほかに知りません。何度読んでも、そのたびにはっとさせられます。

古本屋というのも、考えてみれば「主要な道筋」からはてんで外れたような商売です。

とくにわたしのような、組合にも加入せず、仕入れのほとんどをお客さんからの買い入れに頼っている「そんなのは商売じゃない、ゴッコだよ」と揶揄《やゆ》されるような店などなおさら。

でも、その先に未来はないとわかっていながら高速道路を走り続けているような世の中で、そこからあえて外れ、立ち止まる。そんな一瞬を、古本屋とか苔観察はつくり出すことができるのではないか。そして、この大海原のなかにある一冊の本や、そのなかの言葉が、いまここに生えている一本の苔のように、はるか未来にも受け継がれているのかもしれない——そんな妄想にふけることができるというのが、「時間の止まったような」カツカツの古本屋であるわたしの拠りどころなのです。

尾崎一雄と苔の道

「尾崎の爺さんいつもぶらぶら」

苔の手入れをするため、庭を這いまわる尾崎一雄の姿を、近所の人は、内心そんなふうに笑っていたのだそうです。これは、自身が随筆の中に書いているので、いくらか自嘲もふくまれるのだろうとは思いますが、わたしも苔観察が趣味で、やはりそんなふうに笑われていることを思うと、実際、あたらずといえども遠からずだったろう、と想像できます。


　片手で苔を押さえ、他の手で雑草を抜く。気をつけてやらぬと苔まで抜けて了うからだ。殊に杉苔は根が弱いので余程注意せぬと失敗する。一度抜けた杉苔は、慌てて押しつけておいても、ツキが悪いので大抵枯れて了う。

「まぼろしの記」

苔は、他の植物のように水分や養分を吸い上げるための発達した根をもたず、そのかわり体全体から日光や空気中の水分などを取り込んで生活しています。おかげで、いちどはがれても、すぐに上から押さえてつけておけば大抵は元に戻るのですが、この文章にもあるように、スギゴケなど、一部にそれが難しい種類もあるのです。さすがは『虫のいろいろ』尾崎一雄、思わずうなる観察眼です。

尾崎一雄の作品には、こんなふうにちょこちょこと苔が登場しますが、ある時、荻原魚雷さんと扉野良人さんとの三人で茶のみ話をしていたときのこと、なにかの拍子に尾崎一雄の話題になったので「そういえば、けっこう苔のこと書いてるよね。庭の苔の手入れをしていて、途中で冬虫夏草を見つけた話もあるし」というと、ふたりともから「え？　その話、知らない」とびっくりされてしまいました。いや、呆れられた、というほうが正しいかもしれません。ことほどさように目立たない存在が目に入るのも、わたしがそれにひとかたならぬ興味を抱いていればこそ、というのは地面の上でも活字の上でも変わらないのでしょう。

初めて見たとき驚いたのは、「セミタケ」である。驚きの餘り、『牧野・日本植物図鑑』を見ると、次の記載があつた。

「せみたけ」（にくざきん科）夏季、蟬ノ蛹ニ寄生ス。冬蟲夏草ノ一ニシテ……

（中略）

冬蟲夏草といふ名前を、子供時分何かで見たときは、ちよつとロマンティックな感じがして、どんな植物か、と好奇心を覺たものだつたが、十何年か前、初めて現物を見て、變なその姿に、いささかがつかりした。

このセミタケは、普通の地面にも見かけるが、苔の中の方が多く生える。理由は私には不明だ。

「苔」

『閑な老人』（中央公論社）に収められている「苔」という短編の中の一節です。尾崎一雄が閑な老人なら、さしずめわたしは閑な古本屋なのでしょう。以前から、文学作品の中に苔を見つけると付箋をはり、その部分を専用のノートに抜き書きする、というのが趣味のひとつなのですが、尾崎一雄の場合は、病臥生活の中で書かれた「虫のいろいろ」以降、徐々に健康を取り戻し、自ら庭の手入れなどが出来るようになってから頻繁に登場するようになります。

わたしも子供の頃は虚弱体質で、何かといってはすぐ地べたにしゃがみこんで休憩していました。おかげで苔と近しくなったようなところがあるのですが、おそらく尾崎一雄もそんなふうだったのではないかと思います。苔は、あまり健康な人には見えにくいもののようです。

「苔が生える」という言葉にも代表されるように、苔というものにはあまりよいイメージがありません。苔を観察する尾崎一雄やわたしが、周りの人々から笑われてしまうのも、その点が大きいと思うのですが、しかし苔という植物は、何億年もの昔、地球にようやく陸地ができはじめた頃からほぼ同じ姿のまま、いまもわたしたちの身の周りに生えているそうです。苔はこれまで、その単純な体のつくりからみて、おそらく植物の祖先だろうと言われてきました。ですが、最近のある論文によれば、より複雑なつくりのシダに近い仲間が本当の祖先であり、その生存競争の中から、あえて単純な形態へと逆行することにより生き残ったグループが苔なのではないか、という研究結果が出たのだそうです。退化という形を取りつつ進化した、ということになるでしょうか。大変刺激的な説で、つくづく苔というものは、あなどれない生き物だと思わされました。

ゼニゴケ、またの名蛇ゴケも苔の一種に違いない。だが、その面構えの何とふてぶてしくにくにくしいことか。こいつらの群落が庭の一隅にペッタリと張りついた不気味さは、とりはだが立つほどだ。

（中略）美しい苔の中に侵入したゼニゴケは、早期に退治せねばならない。

「まぼろしの記」

あまり美しくはない外見と旺盛な繁殖力のため、庭のやっかいものとして知られるゼニゴケ。尾崎一雄もそうとう難儀させられたようですが、じつはそんなゼニゴケも、移植して育てようとすると、たいてい失敗します。苔は、環境への依存性が高いため、その場所が気に入っていれば、ほったらかしておいてもどんどん増えますが、合わないとなれば、どれだけ手をかけてもすぐに枯れてしまいます。健気でもあり、したたかでもあり、またデリケートでもある。とにかく、思いのほか気むずかしい生き物であることには間違いありません。

そんなゼニゴケの話をしたあとに、「尾崎一雄は苔みたい」などというと、ご本人は「バカにするな」と怒るでしょうか。でも、多くの苔がもつ、つつましく美しい佇まい、周りがどう変化しようと自らの生き方を変えようとはしない頑さ、そして、どこか突き抜けたような、自己に対する執着のなさなど、ずいぶん共通するものがあるようにおもうのです。そう弁解すれば、あるいは苦笑いとともに許してもらえるでしょうか。

尾崎一雄を最初に読んだのは、古本屋をはじめた時、父親から半ば押し付けられるような形で譲り受けた河出書房の日本文学全集の『尾崎一雄・上林暁・永井龍男』の巻ででした。

「暢気眼鏡」「虫のいろいろ」「まぼろしの記」などの代表作が八編、年代順に収められているのですが、どれも身の周りの、ごく個人的なことばかりが書かれてあるというのに、なぜか自身のことではないような、ずいぶんさっぱりとした文章が新鮮で、また、経済的困窮や病気のため、ほとんど自宅に籠りきりという様子に、うっかり古本屋をはじめたはいいが、あまりにも貧乏で、ただただ帳場に座り続けるしかなかった自分の境遇を無理矢理重ねながら、当時、何度繰り返し読んだか知れません。

この文学全集については、その後不思議ないきさつがあり、偶然いまもその巻だけが手元に残っています。もし、私蔵している尾崎一雄の本の中で一冊だけ残すとすれば何を取るかと問われたら、少し迷って、でもおそらくこの全集の端本を選ぶだろうと思います。

もうひとつ、尾崎一雄の作品の中で、よく目に付くのが梅です。梅の産地という土地柄のせいもあると思いますが、庭にある梅の木のこと、その木になる実で漬ける梅干のことなど、こちらは苔よりももっと早い時期、大病を得て下曾我へ引っ込んだあたりの作品からよく登場するようになります。

以前、木山捷平の生家の裏の辻に落ちていた梅で「木山さんの梅酒」をつくったという話を書いたところ、長男である木山萬里さんから「以前はあの梅の木がある（いまは藪になっている）場所に家があったから、その梅酒は正真正銘『木山さんの梅酒』ですよ」と教えられました。わたしが拾った数日前、同じように萬里さんも二、三個拾って仏壇に供えられたのだそうです。そして「我が家は梅干は作ってなかったけど、おふくろが尾崎一雄の奥さんと仲よくてね、だからいつも送られてきてたんですよ。一回、小田原のほうの家までもらいに行ったこともあったかなあ」という、思わず身を乗り出してしまうようなエピソードまで聞かせてくださいました。

尾崎一雄の短編集『単線の駅』（講談社）に収められている随筆に、

古くから尾崎屋謹製の梅干を愛用してくれる十人ほどの常連に、二、三年前の品を贈るのも毎年この時期と決つてゐる。

「梅の花・梅干」

と書かれてあります。ということは、木山家もこの「常連」のうちの一軒だったのでしょう。郷里を題材にした作品を多く書いた木山捷平のこと、贈られた「尾崎屋謹製」の梅干を見るたび、笠岡にある生家の裏の梅の木を思い出していたのではないか、と妄想はふくらみます。

そしてこの梅干は、亡き母のことを淡々と追想した「落梅」の最後、

今年は、妻や子供を早く起こして、落梅拾いをさせなければならぬ。漬け方は、母のを見よう見真似で、私が知っている。その方法を、彼らに教えておかねばならぬ。

「落梅」

この漬け方がきちんと受け継がれたものであったのでしょう。

昨年、わたしの古本の師である横浜の一艸堂石田書店の石田夫妻が箱根を案内してくださったおり、思いがけずこの下曾我近辺を通りかかりました。東名高速から小田原厚木道路に入り、トンネルをいくつか抜けたあと、箱根に入る手前あたりでぱっと

視界が開ける、ちょうどそのあたりのようですが、なだらかな山の斜面にみかん畑が広がる、その景色は、桃林のある木山捷平の生家付近とどこか似ているようでした。

果物の産地というのは、たいてい他の地域とくらべて自然災害の少ない温暖な場所です。桃や葡萄で有名な我らが岡山の県民性は、そのような恵まれた気候のおかげで「一丸となって何かを成し遂げるのには不向きな個人主義」と言われますが、それは、このふたりの作家の作風にも、どこか通じるものがあるように思えます。

木山捷平、内田百閒、正宗白鳥、近松秋江、吉行淳之介……、以前、ある地方の古書店主に向かって岡山にゆかりの作家の名前を思いつくままに挙げていたところ、ちょっと呆れたような顔つきで「なんで、そんな人ばっかりなんでしょうねえ」といわれてしまいました。

なんで、といって、それはやはり、気候のせいなのではないでしょうか。下曾我も、関東圏では有数の温暖な土地のようです。

「誰も器量一杯の運しかつかめないのだ、（中略）どうにもならないところから先が器量だ」

「苔について」という作品もある、岡山にゆかりの詩人、永瀬清子の文章です。卑近な例で気が引けますが、かっちりとした正統派を目指しながら、いつの間にやら「苔好きの」という、妙な前置きのつく古本屋になってしまったわたし自身のことを考えてみても、やはり人間というものは、自分に出来ることしか出来ない、それぞれに与えられた枠、それも決して公平ではない枠の中で、だんだんといびつになっていくしかない生き物なんだろうと思います。ですが、ひとりとして同じ人間がいないのと同じで、その「枠」もまたさまざまです。そして、先にも書いた、退化という形をとりながら進化し生き残った苔という植物のように、たとえそれが消極的選択によるものであったとしても、しかしそれは「出来る」ことにはなんら変わりなく、そしてどう転んでも、他の誰にも真似しようもないことには違いありません。すっかり諦めきった、その時点から見えてくるものもあります。

「閑な老人」

自分が、木や草や蟲などに心惹かれるのは、彼らが、生命現象を単純明快に示してくれるかららしい。

文学上の挫折に貧困、そして病苦、尾崎一雄の目には、追い越し遠ざかる人々の背中ばかりが見えていたはずです。それでも「気の進まぬことはやらぬ」とただひたすら、自分の思うことだけを書きつづけました。

作品の中で繰り返される、命あるものの、あまりにはかない生と理不尽な死。それに対する怒りとどこか挑戦的なまでの静けさ。その心の中には、死ぬまでの間ただ黙々と器量いっぱいに生きる虫や草木や苔に対する敬意と恥じらいがあったのだろうと思います。

ここのところ、ますます明るい展望の少なくなったこの古本屋稼業。その中でも、さらに見通しのよくない、客買いと店売りのみという形態に固執するわたしに、周りの人は「せめて組合に入ったら?」とか「少しずつでもネット販売すればいいのに」とアドバイスをくれます。でも、自分自身の体力や性分を考えると、やはりこのやり方で行けるところまで行ってみるしかないようなのです。頑迷、と笑われるだろうとは思いますが、でも元々将来の夢は「古本屋の苔婆さん」。それも望むところです。

苔のように、細い細い隙間の道も、見ようとすればどこかに見えてくるかもしれません。

おばあちゃんの家

「ここ、おばあちゃんの家かもしれない」

ある日、店に入ってきた小さな女の子が、お母さんに向かってそう囁《ささや》いているのが聞こえました。

店は、時代劇にでも出てきそうな建物なので、その女の子のおばあちゃんの家にしてはずいぶん古すぎると思うのですが、それでもふとそう感じたのは、「おばあちゃんの家」という場所にある、まるで時間の止まったような、ひっそりとした雰囲気のせいだったのかもしれません。

自分であらためて意識することは少ないのですが、よくお客さんから、

「いろんなものがあるのに、なんだかすごく落ち着く店ですね」

と言われます。

それに対しては、「そうなんですよ。落ち着きすぎて仕事になりませんけどね」と

いうような軽い返事をすることが多いのですが、友人知人や常連さんならともかく、通りすがりに何気なく入ってこられた観光客の方にもそんなふうに感じられるこの店の「落ち着き」のようなものは、いったい何なのだろうと考えることがあります。

蟲文庫は、お客さんから買い取った古本が大半を占めているため、いわゆるセレクトショップ的な品揃えではなく、むしろ雑多と言えるほど。ただ、喫茶店などでもそうですが、お店に集まるお客さんというのは、みんなどこか似たところがあって、そんな人たちが醸し出す空気のようなもので店の雰囲気が出来上がっていくようなところがあります。

それは古本屋も同じで、いつのまにか、趣味の似た人が本を売りに来てくれたり、買いに来てくれたりするようになるのです。

ときどき、何気なく入って来られたような方からも「なんだかうちの本棚を見ているみたいですよ」と言われることがありますが、たぶんそういうことなのだと思います。

店というのは、時間とともに、店主の気配が丸く広がり、良い意味で薄まって、いろいろな人のそれとなじんでくるのではないでしょうか。おばあちゃんの家、という場にも、そんなところがあるように思います。

そういえばいつだったか、ときどき子ども連れで遊びに来てくれる友達と帳場でおしゃべりをしていたときのこと、ほかのお客さんがお買い上げになった本の会計をしていたら、その子が目を丸くして「え！　ここお店⁉」と叫んだことがありました。もう何年も前から、こうしてお母さんといっしょにやってきては帳場で遊んでいたのですが、そのときはじめてここが「お店」だということに気がついたようでした。何だと思っていたのでしょう。やっぱり、おばあちゃんの家だと思っていたのでしょうか。

古本の妖精

ヒマなので、今日はもういいかと思い、引き戸を閉めて電気を消したら、まだなかにお客さんがいて、お互いに焦りました。

狭い店なのですが、本棚の前では気配が消えてしまうような方もときどきおられ、何時間も店のなかには自分以外のだれもいないと思っていたら、いきなり帳場の前に立って「お願いします」と本を差し出されるということもあります。

そんな話をしたら、ある人から「そのまま本棚に染み込んで消えたりしたらジャック・フィニイ※の小説みたいですね」と言われました。

古本屋には、そんな人がいても不思議はないような気がします。

ジャック・フィニイ　(Jack Finney 1911–1995) アメリカのSF作家・推理作家・ファンタジー作家。代表作に『盗まれた街』(ハヤカワ文庫)、『ふりだしに戻る』(角川文庫) がある。

物干し台の天文台

いまの場所へ移転を決意したとき、その決め手となったもののひとつが、建物の裏側にある物干し台でした。北側の裏山と接した場所にあるわりには日当たりがよく、サボテンや多肉植物を育てるにももってこい。もちろん洗濯物もよく乾きます。

そして最近ここは「天文台」としての役割も果たすようになりました。

以前、あるところからの依頼で、観光ガイドなどには載っていない「地味な名所」を紹介する記事を書きました。そのとき、まっさきに思い浮かんだのが、市街地のなかにひっそりとある「倉敷天文台」。

一般市民に開かれた天文台としては国内初のもので、戦中から戦後にかけての暗い時代にいくつもの彗星を発見し、人々を勇気づけた天文学者本田實《みのる》の「ホーム」でもあります。

いまでは、天体観測のためというよりは、月に何度かの観望会や資料の公開など、市民への天文学の普及が主な役割となっているようですが、そんな場所が、大正十五年の開設以来、いまも連綿と続いているということは、地元で暮らす者として安心できることのひとつです。

本田彗星と言えば、ある年齢よりも上の方なら、たいして天文に興味がなくても記憶にあるようです。昭和四十七年生まれのわたしも、子どものころから、あの小さな天文台の先生は、あたらしい星をみつけた偉い人だ、というくらいの認識はありました。

当時、本田先生は市内にある、かわいらしい園舎の私立保育園の園長もされていて、その近所の公立幼稚園に通うわたしにとっては、なんとなく憧れの人であり、場所でもありました。

そこへ取材に出かけたのがきっかけで、ときどき観望会などにも参加するようになり、いまやすっかり天文ファンとなったのです。晴天率日本一の岡山は、天体観測にはもってこいの土地柄だということも、このときに知りました。

そして一昨年、ついに自分でも望遠鏡を購入。直径十五センチの反射式望遠鏡。ドブソニアンという方式の簡易型の台に乗せ、観測の度に室内から物干し台に出し入れします。

晴れた日には、店番をしながら星座早見盤を眺め、夜の何時ごろにはあのあたりにあの星が、と妄想にふけり、店を仕舞うといそいそとこの物干し台の天文台にあがり、望遠鏡をすえ目当ての星を探します。

ふだん、下を向いてコケを探したり、顕微鏡をのぞいたりしているので、ちょうどいい首の体操にもなるのです。

月のない夜、このあたりでいちばん暗い（星がよくみえる）場所はどこだろう、と、夜中に近所をうろうろしてみたのですが、結局、北側にあるために表の街灯が隠れてしまう、この店の「物干し台の天文台」がいちばん暗いということがわかりました。日当たりがよく、夜は暗いだなんて、やっぱりここは決め手になっただけのことはある場所です。

こと座のベガ、ああ、たぶんあれがアルビレオ。

そうやって、はるか昔から人々が見上げてきた星を眺めているうちに、子どもの頃に憧れていた本田先生が、すこし身近に感じられるようになりました。

すぐ目の前にある自由

猫二、三匹、亀九匹、ヒラタクワガタ二匹、金魚四匹、メダカ五匹。いま現在、店や自宅で飼っている生き物たちです。これで小学生男子がいないのが不思議なくらいですが、世話をするのはいい大人のわたしひとり。

苔、雑草、亀、フナ、蟻、思えば子どものころから、こんな家のまわりにいるような地味な動植物ばかりを眺めていました。

数年前に『苔とあるく』という本を出してからは、「なぜ（もっと派手な植物ではなく）苔が好きなんですか?」と尋ねられることが増えたのですが、これはなかなか難しい質問です。その本の前書きにも書いたのですが、海か山か、犬か猫か、こし餡かつぶ餡か、という問いの答えに、あまり理由らしい理由がないように、小さくて地味な生き物が好きだということにも、とくに理由はなく、「生まれつきのようなものです」と答えるしかありません。

ところで、それらを眺めながら、ではいったい自分は何を思っているのだろう、ということは自分でもあまり考えたことがなかったのですが、あるとき、漫画家のわかつきめぐみさんの『言の葉遊学・ご近所の博物誌』（白泉社）という作品に解説を書かせていただいていて、ふと気がつきました。

そのお話は、身寄りがなく、なにかといっては周囲とトラブルを起こしがちだった少年が、偶然出会った植物学者の女性の仕事を手伝ううちに、身の回りの雑草など、普段は取るに足らないとされている生き物の面白さ、不思議さに触れ、そこから、自分の適性を見つけ、成長してゆく、というような物語です。少年は、天性の観察眼の鋭さと恵まれたデッサン力を持っていました。

野鳥でも昆虫でも草木でも苔でも菌類でも、自然観察の基本は「それぞれの生き物の気持ちになって考えてみること」。そうすると、広大な雑木林のなかにある小さな菌類や虫でも簡単に見つけられるようになります。その視点は、普段のわたしたちの生活とはまったく違う新しい世界。

少年が見つけたものは、自らの適性以上に、視点や視線を少し変えてみるだけで見えてくる、まったく別の世界。「すぐ目の前にある自由」だったのだろうと思います。

こちらの思惑などいっさい意に介しない、人とはまるで違う摂理の生き物が、庭にも家のなかにも当たり前のように存在しているということ。それは、とても心強いことだと思います。

チョコレートの匂い

「あ、なんかおばあちゃんちの匂い」

店に入ってきたお客さんから、そう言われることがあります。

ほかにも「学校の図書館の匂い」とか、珍しいところでは、「公文式の匂い」というのもありました。きっとその人は、古い本のたくさんあるお宅に通っていたのでしょう。

でも、実を言うと、わたし自身にはその匂いはわかりません。もうずっと、古本に囲まれて暮らしているので、鼻が麻痺してしまっているのでしょう。

お客さんの口からそんな言葉が聞かれるたびに、ああ、あの匂い、と想像しながら、こっそりと鼻をくんくんさせてみるのですが、やっぱり何の匂いもしません。

ところで、店は鎮守の森を背にして建っているせいか、乾燥がちのこの地域にしては湿度が高く、梅雨どきなどは本の状態が少し心配になるほどです。湿気は本の大敵。

しかも車の運転ができないので、どんなに土砂降りでも自転車通勤。ほんとうに憂鬱な季節です。

ただ、ひとつだけ楽しみなのが、この匂い。もう何日も雨降りが続いているようなときには、店の表に自転車を止め、雨合羽を脱ぎながら店の扉を開けると、あの古い本特有の甘く重たく、そして少しかび臭い匂いがふわっと感じられます。

そう言えば以前「チョコレートみたい」と言った小さな男の子がいました。たしかにそんな、どこか温かみの感じられる匂いです。

隙間暮らし

「意地で維持」これは蟲文庫のテーマです。

曲がりなりにも二十年近く続いているので、たいていの人からは、「当然、それなりには儲かっているのだろう」と思われています。でも、こんな話ばかりで恐縮ですが、実際はこの仕事、もうほんとうに、びっくりするほど儲かりません。

世のなかには「好きでないとやってられない」仕事というものがいろいろとありますが、古本屋もたぶんそのなかのひとつ。でも、逆に考えれば、続ける意思さえあれば、なんとか続けられる仕事であるのかもしれません。

いつごろからか、こんな地方の小さな古本屋でも、こうしてなんとか店を続けていられるのは、やはり地域のなかで、それなりに何か役割みたいなものもあるからだろう、そしてその役割とは、漠然と「公民館」に近いものではないか、というようなことを考えるようになりました。

　あるとき、以前から行き来のあった仙台の加藤哲夫※さんが立ち寄ってくださったので、なんとなくそんなことをお話ししたところ、加藤さんが以前されていたお店は、最終的に自然食レストランみたいな形になったけど、実質は「私設公民館」だったんですよ、と言われ、ああ、きっと、それなんだろう、とおおいに納得したことがありました。

　ライブにトークショーに展覧会、そのほか諸々、「いつも面白そうなことやってますね」と、いつの間にかそう言われるようになったこの店は、実は、たいしてなにもないところなのです。だから、かえってなんでもできる、とそう思ったのでした。「公民館」でもできないことは、さらに「私設公民館」で、という世間の隙間。そこにうごめく蟲文庫とその仲間たち、とさらにその先にいる人々。

　ちなみに、加藤さんによれば「お店というのは、押しの強い人とか、計算が得意な人はあんまり向いてない。あと、〝出来る〟人もダメだね、ほかの選択肢もあるからじっとしてられない」と。

　なんだ、ぴったり当てはまるじゃないですか。とすこし呆然とさえしていたら、すかさず、「田中さん『消去法の人生論』なんて本、書いたら？　新書によさそうだよ」

とすすめられました。確かに書けないこともなさそうです。『隙間暮らし』でもいいかもしれません。苔の本も書いたことですし。

加藤哲夫　一九四九年、福島県生まれ。出版社「カタツムリ社」、エコロジーショップ「ぐりん・ぴいす」を経営しながら、市民活動をつづけ、環境、エネルギー、食、エイズ問題など幅広く活動してきた。一九九七年に「せんだい・みやぎＮＰＯセンター」を設立、一九九九年特定非営利活動法人化して、代表理事・常務理事を務めてきた。二〇一一年八月二十六日永眠。

古本屋のうたう歌

「はやくおじさんになりたい」

古本屋をはじめて間もないころ、毎日そう思っていました。

当時のわたしは、ただ本が好きだというだけの理由で、古本屋はもちろん、新刊書店でのアルバイトの経験すらないまま、手持ちの数百冊を並べて店をはじめてしまった二十一歳の小娘でした。

子どものころから人付き合いが苦手で、そんな自分にもできそうだ、という安易な考えで選んだ仕事でしたが、本、とくに古本と人との結び付きというのは、ほかの「もの」以上に密接で、実際のところこれは、本というものの前に人の存在がある仕事だったのです。

すべて自分の無知なるがゆえとはいえ、毎日毎日、やれ買い取り価格が安いだの、並べ方がなっていないだの、オヤジはどこへ行っているだの、店主はわたしだと言えば、女のくせにと怒鳴り散らされることもしばしばで、ああ、あれもこれもすべてわたしがハタチそこそこの女ではなく「おじさん」だったら、こんなにも酷《ひど》い言い方はされなかったんじゃないかと、そう思っていたのです。

いまでもときどき友人から、「その仏頂面、なんとかならないの?」と言われるほど、あまり愛想のいいほうではありませんが、それはひとつには、このころ身に付けてしまった、ある種の武装だったような気もします。店に来るお客さんはみんな、自分のことをバカにして、文句をつけに来る人のように見えていました。

そんなある日のこと、あまりにも在庫の少ない店を不憫に思った友人が「これあげるから」と提供してくれた、ダンボール二箱分ほどの本のなかに、早川義夫の『ぼくは本屋のおやじさん』がありました。古本屋でもなじみ深い、晶文社の「就職しないで生きるには」というシリーズの一冊で、その時点でなんと三十四刷りというベストセラーでした。

さっそく読みはじめたところ、二十三歳でミュージシャンから本屋の店主に転身を決意した理由のようなところに「おじいさんになれたらと思った」と書かれてあり、もう、いっぺんで好きになってしまいました。

新刊書店と古本屋とは、実はまったく別の仕事ですし、「おじいさん（おじさん）になりたい」と思うに至ったいきさつもまるで違います。でも、本のことをあまり知らないで本屋になってしまったこと、それにまつわる日々の苦労や恥ずかしい話、目的があまりなくて、猫が好きで、計算が苦手で、車の運転ができなくて、というような共通点を見いだしては勝手に喜び、そして、

ときにお客さんに対して、腹が立つということは、決して、その人に対して腹が立つということではなく、自分がうまく、その場をまーるくすることができないことに、腹が立ちイライラするのである。

という一文には、店をはじめて以来、ずっと抱えていたもやもやを言い表してもらったような爽快さを覚えました。また、

本が好きであればいいのではないかと思う。好きであるということが一番大事なのだ。嫌いなことを、やりたくないことを無理矢理やっているからトラブルが

起きるのだ。

という言葉は、以来、わたしの支えとなったのです。
ただ、それからほどなく、二十三年続けた早川書店をたたみ、また再び歌いはじめたというニュースを耳にして、期待と同時に「なーんだ」と、まるで見捨てられでもしたかのような残念な気持ちがあったのも正直なところです。

早川義夫といえば、ジャックス。日本のロック黎明期を代表するバンドの中心メンバーとして知られる人物、ということはぼんやりと知っていて、「サルビアの花」くらいは口ずさむことができましたが、でもそれまではさほど熱心に聴くということはありませんでした。

ちょうどそんなとき、わたしの住む町の近くでも復活ライブが行われることになりました。

シンプルなピアノの弾き語りなのに、ものすごい迫力で、「あー」という発声すら胸に響いて、そしてピアノの椅子に座っているのに、ぴょんぴょんと跳ねるような動作でうたう姿がまたよくて、やっぱり早川義夫は歌をうたう人なんだと、ついさっきまでの、本屋さんじゃなくなったことへの失望はどこへやら、ますますファンになってしまったのです。

それから数年後の二〇〇二年、『たましいの場所』（晶文社）という『ぼくは本屋のおやじさん』以来二十年ぶりになるエッセイ集が発売され、このときも飛びつくようにして買いました。ドキドキしながらページを繰り、ときどき「ふー」と息つぎをしながら、一篇、一篇、大切に読んだのを覚えています。

その本のなかに、

音楽は作り出すものではなく、そこにあるものなのだ。作り出すのではない。人の中から聴こえてくるものなのだ。

という言葉がありました。たしかどこかに「（文章でも、絵画でも、料理でも）いいものはその人の、その人でなくてはうたえないような歌をうたっている」という意味あいのことが書かれてあったと思うのですが、いま必死で探してみましたが見つかりませんでした。もしかしたら、先の一文を勝手に翻訳してしまったのかもしれません。

早川義夫が本屋をやめ、再びうたいはじめたのは、やはり自分のなかから「うた」が「歌」という形で出てきたからなのだろうと思いました。

この前、古本の世界に詳しいある方から「蟲文庫さんて、そんなにたくさん本があるわけじゃないし、品揃えもわりと普通だし、なのになんでこんなに長く続いているんでしょうね？」と、冗談めかして尋ねられました。それは決して嫌みではなく、率直な感想だと思うのですが、それはもしかしたら、めちゃくちゃの調子っぱずれでもいいから、蟲文庫は蟲文庫の歌をうたおうとしてきたからではないかと思うのです。

おじさんになりたい、と思っていたわたしは、しかし結局おじさんにはなれなかったようですが、これからも自分の歌をうたえる古本屋をやって行くつもりです。

定休日

このほど、ついに定休日を設けることにしました。現在、毎週火曜日が休みです。※

これまでずっと、用事のあるときだけ休む「不定休」という形でやってきました。出張などで四～五日休業することもありますが、とくに何もなければ三ヶ月間くらいずっと休みなしで開けていることもありました。盆暮れ正月ももちろん営業。

自営業というのは、仕事とプライベートとの境目があいまいで、いつの間にか休み方を忘れてしまうようなところがあります。そのうえ出不精で貧乏性。なんだかんだ言って、店番をしているのがいちばん落ち着くし楽しい、ということだったのです。

でも最近、いろいろなことが少しずつ忙しくなってきました。

「これから先、よほどのことがない限り、田中さんが蟲文庫をやめてしまうことは考えられない。なぜなら、蟲文庫は、田中さんそのもの、だからである」

これは、岡崎武志さんが『女子の古本屋』（筑摩書房）という著書のなかで書いてくださった言葉です。ほんとうにその通りだと思います。これまでもこれからも、店が続くかぎり蟲文庫は、イコールわたし自身です。

ただ、最近ではだんだんと、自分が蟲文庫をやっている、というより、どこか蟲文庫によって動かされている自分、というものも感じるようになりました。

まことにお恥ずかしい話ですが、店をはじめて二十年近くがたち、ようやくこれが「趣味」ではなく「仕事」になったということなのでしょう。定休日の設定、というのはその象徴のような気がしています。

趣味は仕事にするな、とよく言います。でも、たとえばわたしのように、それでようやく手がかりを見つけられる人もいるのだろうと思います。

そう言えばこのごろ、「ちょっとは愛想よくなってきたじゃない」と言われるようになりました。

※二〇一六年より、再び不定休に変更。

五円玉と信心

　この春先のことです。いつものように店番をしていると、「ごめんください」と小柄なおじいさんが入って来られました。帳場の前でゆっくりとお財布から十円玉を出すと「これを五円玉に替えてもらえんでしょうか」と言われます。あ、いいですよ、と答えて両替をすると、またゆっくりともう一枚出して「これも五円玉にいいですか」と。そうやって五十円ぶんを五円玉に交換したところで、さすがのわたしも不信におもいはじめていましたら、察したのかおじいさんは「このあたりは仏さんがたくさんありますよって、どうしても五円玉でのうては。十円ですと〝とおえん〟になる言いますからなあ」と。

　なるほど、わたしの店のある一帯には、お大師さんの小さな祠が何十とあるのです。おじいさんは、そのひとつひとつに「〝ごえん〟がありますように」と五円玉をお供えしようとしているのでした。

二十一歳の時、失業を機にふと思いたって、手持ちの本数百冊を並べただけではじめた古本屋らしきものは「一、二年もてばいいほうだろう」という、自分自身を含む周囲の人全ての予想を裏切って、いまもまだ続いています。「ええっ！　あの店まだやってるの？」とは、数年ぶりに再会した人などに必ず言われるセリフ。でも、こうして続いてきた理由というのは、おかしな話ですが、ひとえにわたし自身が不器用だったからだと思うのです。

古本屋というのは、外からみえるのんびりとしたイメージとはうらはらに、なかなかの重労働。この通信※を読まれている方ならば、一度ならず引っ越しのご経験があるかと思いますが、本というものはダンボールひと箱程度でもバカにならない重量です。しかも、場合によっては、家一軒分の蔵書すべて引き取ることもありますので、その移動だけでも小規模な引っ越し並。さらにそれらを、自店に並べるもの、同業者間で交換するもの、古本市などに出品するもの、そして最終的には古紙回収に出すものとにより分け、「商品」として通用するものについては落丁や書き込みの有無をチェックし、汚れを落とし、傷んでいれば補修をし、値段をつけ、棚に並べ、また専用の箱に詰めて……と、こんな基本中の基本の作業すら、いつおわるとも知れません。なにしろ「ぎっくり腰やって、やっと一人前」といわれる世界です。そして、それでも、なぜいままでつぶれなかったのか、と当の本人すら不思議に思うほど、いつまでたっても儲けらしい儲けも出ないのです。

たいへんご尊敬申し上げている古書店主の方の文章に、

脱サラ、編集者くずれ、役者くずれというのはあっても、「古本屋くずれ」はない。もうこれ以上崩れない場所らしいのだ。

内堀弘『石神井書林 日録』

という一節があり、なるほど、と唸ったことがあります。

人生のある局面で古本屋という職業を選択した人の大半は、大なり小なりそんなふうに「他に出来ることがなかった」という部分を持っているものですが、でも、その一見ネガティブにも思える現実も、考えようによっては強みになるのです。

どんなに腰が痛かろうと食うや食わずだろうと、とにかく毎日もくもくと、この自分の小さな店で、仕入れた古本の汚れを落とし、棚に並べてゆくしかないのです。他に道はないのですから。

そうして、もうだんだんと成り立つとか成り立たないとか良いとか悪いとか、そんなものを超越して、ただひたすら続けるということのみに意識が集約されていきます。それは、冒頭のあの「五円玉でなくては」というおじいさんの、かたくなな信心にも似ていて、そして、じつはそこに一番重要なものがあるのだろうとも思うのです。

「あなた、商売は下手だけど、人にはものすごく恵まれているわね」

わたしと近しい人ほど、実感をこめて言ってくれる言葉ですが、確かにこれまで、ただひたすら帳場に座り古本の売り買いを続けてきたというだけで、思いも寄らぬ出会いやつながりに恵まれてきました。わたしはこのことを「めくるめく固着生活」と呼んでいるのですが、このたびこうして「地球・かぞく通信」に文章を書かせていただくようになったのもそのひとつ。生まれ育った小さな町で、じっと古本屋の店番を続けているからこそのものです。

かたくな、という言葉は、日ごろあまりいい意味ではつかわれませんが、でもそれは、継続ということだけでなく、ひろがりやつながりの種にもなるのだろう、と最近、五円玉を見るたびに思うようになりました。

地球・かぞく通信　ハンガリー在住の日本人向けの通信。

竊書

古本屋をはじめて一年ほどがたった冬のある日、棚にあったはずの『クレーの日記』パウル・クレー著（みすず書房）がなくなっているのに気がつきました。生育状態の悪い畑のように、ぱらぱらとしか本のない店だったので、勘違いということはありえません。前の日の夕方、その本を手にしていた人のことも、すぐに思い浮かびました。

その時の、はじめて万引きに遭った、というショックはかなり大きなものでした。しかし同時に「うちにも、盗られるものがあったのか」という妙な感慨もあったのは正直なところです。

棚の本もお客さんも、その当時の何倍にもふえたいまでも、本がなくなると、たいてい「ああ、あの時」となんとなく察しがつきます。ただ、その該当の人物となると特定は難しく、それは、まったく罪のない人をもいっしょくたに疑うことになるので、ひとしきり地団駄をふんだあとは、諦める努力をするほかありません。
「竊書《せつしょ》は盗みとは申せん……竊書はな……読書人の常じゃ。盗みと申せるか」
これは、魯迅の書いた『孔乙己』の中で、主人公である孔乙己が口にする屁理屈です。もうほんとうに、とんでもない言い分ではありますが、でも、さんざん腹を立てたあとにふとこの台詞が浮かんでくると、つづいて脳内に登場する、襤褸《ぼろ》の長衣をまとった呑んだくれのコソ泥に向かって「まあ、今日のところはこのへんにしといたるわ」とゲンコツをひとつお見舞いし、徐々に気を静めることができるのです。

最近、自分はもう人生の半分以上を古本屋の店主として過ごしているのだ、ということを意識して愕然としました。

たくさんの親しい本との出会いはもちろんですが、そうして目の前から消えてしまった本もまたそれなりの数にのぼります。いまでは転売目的もふえているでしょう。「竊書は」などと悠長なことも言えなくなってきました。

孔乙己は、いったいいつまで自分の脳内に現われてくれるだろうか、と心配になったあと、それはそれでおかしな心配事であると気がついて、ふっと笑ってしまいます。

二十年

「ああ、なつかしいな」とその本を手に取って、ぱらぱらとページを繰ったあと、習い性で、ふと裏の見返しを開いたとたん、「あっ」と思いました。古本屋の値札を剝がした跡の形に、妙な親しさを感じます。そうだ、この本は、ずいぶん前にK先生がうちの店で買ってくださったものでした。

『ぼくらの鉱石ラジオ』小林健二著（筑摩書房）。

東洋史や社会学を中心とした、おそろしく硬い本ばかりが並ぶその書斎の中では、可愛らしいとさえ感じられる佇まいの黄色い本。二十世紀初頭に突如現れ、いつの間にか忘れ去られた、回路の一部に鉱石の結晶を用いる、幻のような存在の電波受信機について書かれています。本としてはそれほど珍しいものではないと思いますが、そういえば、わたしの店で扱ったのは、開店してまもない頃の、その一度きりでした。

棚に並べる本も、まだ満足に揃わない頃で、さらに好みの本だったこともあり、売れた時にすこし惜しい気持ちがしたのも憶えています。

ここのところずっと、近くのK先生の書斎の整理に通っています。ご家族によれば、数年前から身体の具合を悪くされ、いまではもうベッドの上で体を起こすのもやっとなのだということ。そして、以前から「何かのことで本を片づける時には、ぜひあの古本屋へ」とご指名をいただいていたというわたしのところへ依頼がきたのでした。

先生は、以前大学で教えておられたので、近所の人たちからも先生と呼ばれています。わたしにとっては、店を始めた頃から時々のぞいてくださっていたお客さんで、いまの場所に移転してきた時、ご近所にお住まいなのがわかって、お互いに驚きました。そしてわたしもK先生と呼ぶようになったのです。

ご自宅の裏手に建てられた、プレハブよりはいくぶん頑丈な平屋。壁面にはぐるりと造りつけの本棚があり、中央には二十本近いスチール棚が背中合わせに三列、一番明るい窓際には大きな机と椅子が据え付けられ、さらに部屋の隅には流し台にトイレまでという、本好きであれば、一度は憧れるような私設図書館、もしくは秘密基地の趣。そこへ週二、三回、午前中の数時間籠って本の整理をします。

はじめにも書いたように、研究書や専門書、その関連資料が大半を占め、内容も本そのものも、とにかく硬く、重い。

ただ、机のそばの小さな本箱の中に、おそらく息抜きに開いておられたものと思われる詩集や画集、伝記が十数冊挿してあり、『ぼくらの鉱石ラジオ』はその中にありました。たぶん、あれからずっとこの場所に並んでいたのでしょう。

店は今年の二月でちょうど開店して二十年になりました。せっかくなので、なにか記念の催しでも、と考えはしたけれど、特にこれといったことを思いつかず、というのか、どうもピンとこず、そのままにしてしまいました。

こうして、長年のお客さんの蔵書の整理をさせてもらうことは、この上なくありがたいことだけれど、でも嬉しい、のではなく、やはりいいようもなくさみしいものです。古本屋の仕事というのは、こんなふうに物悲しくひっそりとしたものでもあるのでしょう。そしてその感覚は、続ければ続けるほど強くなるのではないかと思います。

そうして、再び手許に戻ってきたその本をしばらく眺め、また値段をつけて店の棚に並べました。ああ、そうか二十年たったんだなあ、とふいに強く実感がわきました。

成長

店をはじめて二年ほどがたった夏のある日、隣りの店とうちとの境目から子猫の鳴き声が聞こえてきました。

この顚末については、ずいぶん前に書いたことがあるのですが、古い長屋の隙間に落ちてしまい、親猫もどうすることもできなくなった子猫を、その長屋の造作が簡素であったおかげで救出することができ、飼いはじめることになったのです。

その猫はミルさんといって、いまでも生きています。

二十歳、人間に換算するとすでに百歳を超えているのだそうです。さすがにもうよぼよぼ。

猫は全身が柔らかな毛で覆われているので、相当な高齢になってもさほど老けてみえませんが、それでも生き物なので、ある時を境に、ふいに年寄りらしい雰囲気を醸しはじめます。

ミルさんは三毛猫ですが、最近「あれ、前はもっとくっきりした三毛だったよね？」と思わず昔の写真を出してきて見比べてしまうほど、全体的に白っぽく色が褪せたようになってきました。動きもひどく鈍いのです。

さらに性格も変化してきました。若いときはずいぶんやんちゃで利かん気が強く、いつまでたっても子猫のようだったのですが、店猫を引退し、自宅で隠居暮らしをするようになったころからだんだんと大人しくなっていきました。

そしていままでは、まだ幼児である甥っ子が尻尾をひっぱったり、勢いにまかせて抱きついても、「忍」の一字で耐え忍んでいます。はじめは、あんまり大人しくしているので、「別に嫌じゃないのかな」と思っていたのですが、甥っ子が帰っていった途端、あきらかに「やれやれ」といった様子で体を横たえるので、じつは相当我慢しているらしいということがわかりました。かつてのやんちゃぶりを知る身としては、ひどくいじらしく感じられます。

最近、いろんな人から「愛想がよくなった」「明るくなった」と言われます。あ、これは猫ではなくてわたしの話ですけど、たしかに、なるべくそのように努めているし、そうすることでむしろ自分自身が楽しくなってもきたのです。

お客さんあっての仕事だから、本来ならば当たり前のことなのですが、生まれつき自然にそう振る舞うことが出来る人がいれば、そうでない人もいます。わたしは長らく苦手でした。

あまりにも愛想が悪いので「あなたは商店の人間として不適合だ」というような苦言をいただいたことすらありますが、当時を振り返れば、そう言いたい人の気持ちはよくわかります。わかりすぎてげんなりするほどです。ただ、どんな世界でも適性が完璧な人だけがその職業に就くわけでもなく、まあ、みんなそれぞれに事情や成り行きというものがあってのことでしょう。

とはいえ幸いにして、零細商店主としては必須の「ひとつの場所でじっとしていられる」という適性だけは持ち合わせていました。そしてその適性にあわせ、なるべくこのままじっとしていられるよう、少しずつ古本屋や商店としての他の必要項目も育ててきたように思います。

知識とか、はったりとか、にっこりとか。

「だいぶん遅いけど、大人になったよなあ、お互い」と背骨の浮いたミルさんの背中をなでると、ミルさんは口を閉じたまま「んー」と返事をしました。

おわりに

「これでどこまで行けるだろう」、そう思ってはじめた蟲文庫のこれまでが一冊になりました。

この本が出来るにあたり、洋泉社の井上裕務編集局長、編集部の齋藤瑶子さんには大変お世話になりました。企画・編集してくださった尾園忠幸さん、デザイナーの井上亮さん、イラストレーターのやまふじままこさん、ありがとうございます。また、そもそも、こうした文章を書くきっかけを作ってくださった古書現世の向井透史さん、さまざまな形で蟲文庫にかかわってくださる多くの方々にも感謝申し上げます。そして、これからもどうぞよろしくお願いいたします。

ちょうどこの本が書き上がった日、「糟糠の猫」ナドさんが、十七歳の天寿を全うして旅立って行きました。

思うところあって、これまで猫のことについては、あまり書かないできたので、この本のなかにもちらりとしか登場していません。でも、これらほとんどの出来事のそばに、いつも彼女のまるっこい姿がありました。

ナドさんも、ほんとうにありがとう。

あれから世のなかはすっかり変わってしまいましたが、だからなおさら、いまも変わらず「これでどこまで行けるだろう」という気持ちで帳場に座っています。

ここまで読んでくださったみなさま、いつか倉敷に来られることがあれば覗いてみてください。お待ちしています。

二〇一二年一月

田中美穂

文庫版あとがき

朝、店を開けてしばらくすると、ぷしゅー、ぷしゅーという鼻息が聞こえてきます。近所の猫のMさんです。五、六歳になる雌の白猫で、たいへんな美貌の持ち主。ただ、生まれつき鼻炎気味のようで、姿はみえずともその鼻息だけで「あ、きたきた」とわかるのです。

扉や窓を閉め切るのが苦手なので、入口も裏の掃き出し窓も、真夏と真冬以外はたいてい開けっぱなしにしています。いつでも自由に出入りできるのが気に入っているのでしょう。しばらく帳場で昼寝をしたり、熱心に毛づくろいをしてから、またどこかへ出て行きます。

店をはじめた時からずっと一緒にいたナドさんという猫が、五年ほど前に死にました。ちょうどこの旧版のあとがきを書いている時でした。

何年も前から店猫は引退していたというのに、それでも、「ナドさんがいなくなったら、蟲文庫はやっていけるのだろうか」と理由もなく思いつめていました。でも、なんとか乗り越えることができました。お互いの寿命が違うのだからしようがないですね。

そして、何かがいなくなれば、他のものが入る余地が出来るということでしょう。その頃から、どちらかといえば母になついていたミルさんとの距離が縮まり、こうして近所の猫が休憩に来るようにもなりました。

もとの本の企画には、進路に悩んだり、独立や起業を考える若い人に向けたものというイメージがあったのですが、ノウハウが語れるくらいなら、こんな無鉄砲な古本屋などやっていませんので、ありのままの現実を示すほかありません。結果的には「こんな例もありますよ」という本になりました。

全体の半分ほどは、以前「早稲田古本村通信」というメールマガジンに連載していたもので、それらのエピソードを補足する形であとの半分を書き下ろし、一冊の本にまとめています。

文庫化にあたっては、旧版にはページ数の関係などで入れられなかったものを四篇と比較的最近書いたものを四篇、新たに加えることができました。特に、中尾務さんの個人誌『CABIN』に書いた「尾崎一雄と苔の道」は、この本にも何度か登場する『彷書月刊』の編集長、亡き田村治芳さんが病床で「ヨカッタ！」と言ってくださったもので（中尾さんのもとに「田中（苔）美穂さんの文章、ヨカッタ！」という葉書が届いたそうです）、こうしてこのたび文庫版に収めることができ、ほんとうによかったと思っています。

先日、このことを中尾さんにご報告しましたら「田村さんにかわって「ヨカッタ！」と言いたい気持ちです」というご返事をいただきました。

このたびの文庫化にご尽力くださった筑摩書房の高橋淳一さんには、心よりお礼を申し上げます。

ずいぶん前に書いた文章も多く、中には二十代の頃のものまであります。それがいまや四十も半ばですから、町の様子も、人の流れも、店の品揃えも、自分自身も「いまもまったく変わりなく」というわけにはいきません。それでも久しぶりに覗いてくれたような方から、きまって「変わってないですね」と言われるのは、べつだん「成長がみられない」と呆れられているふうでもなさそうですし、この覇気のないというのか、のんびりとした雰囲気に安心する人も少なくない、ということでしょうか。いつもそこにある町の古本屋としては悪くないと思っています。

ここ数年のうちに苔の図鑑や、亀についての本も出したせいか、最近では自然科学の分野の買い取りがふえ、だんだんとそれが目立つようにもなってきました。

また、著者が本屋をやっているということは、いつ訪ねていっても、たいてい本人が応対しますので、自然と「苔や亀の相談所」のようにもなってきました。

「今年こそ、飼っている亀を冬眠させようと思うのだけど、ちょっと心配で」とか、プリンか何かのカップに入れた苔を持参され「この苔の種類を知りたい」とか、または「はがしても、はがしても生えてくる、庭のゼニゴケが憎らしくてしようがない」とか。

やはりどうも「本」とはかなりずれたところに特色が出るようです。

「これから、このお店をどんなふうにして行きたいですか?」そんな質問を受けることがあります。こんな時に、その場で求められているであろう、わかりやすく、ひと言でまとめられるような夢や展望は特に何もありません。「どうもこうも、できるところまで続けるだけですよ」。それが率直な気持ちです。

「これだけはどうしても嫌だ」とか「無理」「出来ない」というものだけを避け、あとはなるべく来るもの拒まずでやってきた、それが形になったのがこの店なのでしょう。

《「1、2年やってみて、ダメだったらやめよう」そんな甘い考えのもとにはじめたというのが正直なところですが、いざはじめてみると、そして続ければ続けるほど、いったい古本屋にとっての「ダメ」ということはどういうことなのか、どんどん分からなくなり、今にいたります。だからこそ、古本屋というのはほんとうに面白いなと思っています。》

これは、以前「自著を語る」というテーマでこの本について書いた文章の一節です。この気持ちはいまもまったく変りません。そして我ながら、現在過去未来、自分自身を否定しないための磐石の言い訳を書き並べているものだとも感心します。とにかく、蟲文庫を続けて行きたい、という意思だけはむやみに強いのです。

数年前から周辺の観光地化がすすみ、大型連休ともなると、店の表はまるで鎌倉の小町通りのようになります。当然、古本屋どころではない賑わいで、その人波をかきわけ、かきわけ訪ねてきた友達から「あれ、この中だけ静かだね」と笑われたりします。そんな日は近所の猫たちも、表の通りを歩くのは落ち着かないのか、「ちょっと、ここらあたりで」といったふうにトコトコと店の中を通過し、ぴょんと帳場にあがると、そのまままっすぐ裏庭へ出て山の猫道のほうへと抜けていきます。「なんだここ、猫の通り道なの？」とますます可笑しそうな顔をされてしまいます。そんな毎日ですから売り上げのほうも相変わらず。

先日、この本の中の「まだつぶれていません」という話に登場する大阪のOさんのお嬢さんが訪ねてきてくれました。今は大学でロシア語を学んでいるそうです。勉強がとても楽しそうで、店に並んでいたロシア文学の名作を何冊か買ってくれました。店をはじめた頃に赤ちゃんだった彼女と、いまこうして本や文学について話しているのが不思議でもあり、そしてこれはきっと、とてつもなく幸せなことだろうとも思いました。

彼女が帰ったあと「そりゃあ、わたしも歳をとるし、ナドさんも死ぬはずよね」と独り言をつぶやきながらも妙にうれしくなって、「よし」とやる気の握りこぶしをつくってから、また古本の値段つけの作業に戻りました。

ああ、やっぱり蟲文庫に座っているのは楽しいなあ、と思っています。

二〇一六年七月七日

田中美穂

初出一覧

以下に初出したものに加筆・修正を加えています。
○がついているものは文庫版にあたり新たに収録した文章です。

第一章

十月二十六日革命「早稲田古本村通信」二〇〇六年六月

第二章

こころと背骨の文庫本「早稲田古本村通信」二〇〇六年五月

第三章

父の置き土産「早稲田古本村通信」二〇〇六年十月
ミルさん「蟲日記」
まだつぶれていません「早稲田古本村通信」二〇〇六年九月
祖父母「瀬戸内作文連盟」vol. 1, 二〇〇四年

第四章

観光地の古本屋「早稲田古本村通信」二〇〇七年四月
○二十五年前の小学生「早稲田古本村通信」二〇〇七年八月
置きっぱなしのブローティガン「蟲日記」
木山さんの梅酒「CABIN」二〇〇九年三月
苔観察日常「12water stories magazine」vol. 9, 二〇〇一年
聖書の赤いおじさん「早稲田古本村通信」二〇〇七年七月
本をお賣り下さい「早稲田古本村通信」二〇〇七年一月
○岡山文庫のこと「本の雑誌」二〇一五年四月号
○奇跡の果実「早稲田古本村通信」二〇〇七年二月
文学全集一掃顚末記「早稲田古本村通信」二〇〇六年十一月

第五章

苔と古本の道「新潮」二〇〇八年二月
○尾崎一雄と苔の道「CABIN」二〇一〇年
古本屋のうたう歌「sumus」13号　二〇一〇年
○五円玉と信心「地球・かぞく通信」二〇〇九年四月
○竊書『冬の本』二〇一二年十二月、夏葉社
○二十年「瀬戸内作文連盟」vol. 14, 二〇一四年十月
○成長「瀬戸内作文連盟」vol. 16, 二〇一六年五月

解説

早川義夫

店構えからして吸い込まれそうだ。棚の色合い、本の並べ方に、自分と同じ匂いを感じる。なにか面白そうな本があるのではないかと。おまけに猫がいる。亀もいるらしい。こんな本屋がもしも近所にあったら、さぞかし散歩が楽しくなるだろうな。

実はまだ僕は倉敷の「蟲文庫」さんに伺ったことがない。店主の田中美穂さんともお会いしたことがないからわからないけれど、本を読む限りでは、かなりの親近感を覚える。僕と似ている部分があるのだ。

田中さんは「自分の居場所がほしかった」という理由で、二十一歳の若さで古本屋を開いてしまう。思い起こせば、僕も同じような動機だった。集団行動が苦手で、多数意見に違和感を覚える。会社勤めはできそうにない。人の下で働きたくないから、人を使うこともしたくない。居心地がいい場所といったら、自分の部屋のような小さな店を持つしかなかったのである。

喫茶店も考えたが、たぶん、つまらない話や笑い声が始終聞こえてきて、耐えられそうにない。古本屋は勝手な想像だが、くせの強いお客さんがやってきて、「負けてくれないか」などと値段の交渉でもしかねない気がして、僕は新刊本屋を選んだ。それも、特色を持ったとか専門的な本屋ではなく、ごくごく普通の本屋がいい。

若いころ、僕は新宿「風月堂」という喫茶店に毎日のように通っていた。店内も接客もいたって普通なのに、なぜか客層が変わっていた。分け隔てなく誰をもお店が受け入れていたからである。芸術家の卵のような人やヒッピーや、やがてはシンナー遊びをしているフーテンまでが入り浸ってしまい、やむなく閉店に追い込まれてしまったのだが、普通を目指したのに、自然と個性的になってしまった「風月堂」の精神が僕には美しく思えた。

それまで僕は音楽制作の仕事をしていたのだが、向いていないことを悟り、二十三歳で身を引いた。かっこいいと思われていることが、かっこよく思えなくなってしまったのである。若者が無性に嫌になり、早くおじいさんになってしまいたかった。

本屋は自分が客の立場だったら一言も喋らないから、売る側も楽そうに思えた。お風呂屋さんの番台もあこがれたが、猫でも抱きながら「いらっしゃいませ。ありがとうございます」だけを言っていれば、時が過ぎていってくれるような気がしたのである。

ところが、買う側と売る側では大きな違いがあった。小さな書店には売れる新刊は入ってこない。発売前にお客さんから注文を受ける。うちで必ず一冊売れる本だ。間違いなく注文処理をしたにもかかわらず、発売日に入ってこない。お客さんは当然あきれる。怒る。僕は謝る。そんなことがしょっちゅうあった。

仕入れに行っても取次（問屋）にはない。版元に直接買いに行く。しかし、考えられないことだが売ってくれない出版社があった。日本を代表するその出版社の玄関口で（半分冗談だが）焼身自殺をしようと思ったことすらある。信用問題に関わることだからだ。そんな苦労話は、かつて、綴ったことがあるから、ここでは繰り返さないが、今も小さな本屋で頑張っている方を見ると頭が下がる思いである。

僕はいつの間にか、きっかけさえあれば、いつでもやめたい心境になっていった。

このまま本屋を続けて死んでしまったら、焼却炉の中に骨以外のものが残ってしまうような気がした。悔しさとか自分の愚かさがだ。僕は再び歌い出した。やっと、おじいさんになれたのに、今度は、若いころに戻りたくなってしまったのである。

閉店の日、花束が届いた。意外だった。店前では「僕は悲しい！」と叫ぶ人がいた。これまで一言も言葉を交わしたことのないお客さんからもお礼を言われた。Hな本をいつも買ってくれたお客さんが深々と頭を下げる。うちには、岩波文庫とフランス書院文庫が全点揃っていた。棚は店主が作るのではない。長い年月をかけながら、お客さんと共に棚の色合いが染まっていくのだ。僕は涙が止まらなかった。ちっぽけな日常にも目には見えないけれど、感動が少しずつ積み重なっていたのである。

二十一年間続けて来られたのは、いいお客さんに恵まれたからだ。いいお客さんとは、さわやかに来店して、さわやかに去ってゆく風のような人である。

生まれ変わって、もう一度、本屋をやりたいとは思わないけれど、心残りがあるとすれば、もう少し、個性を出せば良かったかなと思っている。あるいは、もっと極端に、個性を出しても良かったのではないかと後悔している。主義は主張するものではなく、個性は見せびらかすものではないけれど、本屋は本を売るのではなく、やはり、自分を売る商売だと思うからである。

『わたしの小さな古本屋』によれば、田中さんは、「見よう見まねではじめた店の二十年近い日々。大変、といえば大変なこともありましたが、でも不思議と『もう、やめてしまいたい』と思ったことは一度もないのです」と語っている。これにはびっくりした。やめたいと思ったことが一度もないなんて、なんてステキな生き方をしているのだろう。古本屋と新刊本屋の違いなのだろうか。いや、やはり、性格の違いなのだろう。田中さんは、本屋さんをするために生まれてきたのかもしれない。

続けて来られた理由を田中さんはこうも記している。「おかしな話ですが、ひとえにわたし自身が不器用だったからだと思うのです」。ここに、田中さんの人柄が表れている。背伸びをせず、卑屈にもならず、おごらず、知ったかぶりをせず、謙虚だ。大風呂敷を広げない。不器用だからこそ、自分ができる範囲以内のことだけをやる。誰に対してもやさしい。類は友を呼ぶから、同じやさしさを持った人たちが集まって「蟲文庫」を支えている。

見慣れない犬が二匹、リードもなく飼い主もいないのに「蟲文庫」の店内に入ってきた話がある。「あれは祖父母であったような気がしてきました」と田中さんは言う。「今のこの店を、おじいちゃんとおばあちゃんに見てもらいたかったなぁ」と考えていたら、本当に様子を見にきてくれたのだ。

僕も同じような経験がある。鎌倉の海岸を母親から譲り受けた柴犬と散歩していたら黒鳥と遭遇した。初めて見る鳥だ。僕が近寄っても逃げない。それだけではない。東京で一人暮らしを始めたら、池も草木もないマンションの窓先空地から、大きな二匹のカエルが部屋に入ってきた。父と母だ。たましいはいつだって黙っている。

（はやかわ・よしお／歌手）

本書は洋泉社より二〇一二年二月に刊行されました。
文庫化にあたり増補加筆しました。

思考の整理学　外山滋比古

アイディアを軽やかに離陸させ、思考をのびのびと飛行させる方法を、広い視野とシャープな論理で知られる著者が、明快に提示する。

質問力　齋藤孝

コミュニケーション上達の秘訣は質問力にあり！これさえ磨けば、初対面の人からも深い話が引き出せる。話題の本の、待望の文庫化。（斎藤兆史）

整体入門　野口晴哉

日本の東洋医学を代表する著者による初心者向け野口整体のポイント。体の偏りを正す基本の「活元運動」から目的別の運動まで。（伊藤桂一）

命売ります　三島由紀夫

自殺に失敗し、「命売ります。お好きな目的にお使い下さい」という突飛な広告を出した男のもとに、現われたのは？（種村季弘）

こちらあみ子　今村夏子

あみ子の純粋な行動が周囲の人々を否応なく変えていく。第26回太宰治賞、第24回三島由紀夫賞受賞作。書き下ろし「チズさん」収録。（町田康／穂村弘）

ベルリンは晴れているか　深緑野分

終戦直後のベルリンで恩人の不審死を知ったアウグステは彼の甥に訃報を届けに陽気な泥棒と旅立つ。歴史ミステリの傑作が遂に文庫化！（酒寄進一）

向田邦子ベスト・エッセイ　向田邦子　向田和子編

いまも人々に読み継がれている向田邦子。その随筆の中から、家族、食、生き物、こだわりの品、旅、仕事、私……、といったテーマで選ぶ。（角田光代）

倚りかからず　茨木のり子

もはや／いかなる権威にも倚りかかりたくはない……話題の単行本に3篇の詩を加え、高瀬省三氏の絵を添えて贈る決定版詩集。（山根基世）

るきさん　高野文子

のんびりしていてマイペース、だけどどっかヘンテコな、るきさんの日常生活って？　独特な色使いが光るオールカラー。ポケットに一冊どうぞ。

劇画 ヒットラー　水木しげる

ドイツ民衆を熱狂させた独裁者アドルフ・ヒットラーとはどんな人間だったのか。ヒットラー誕生からその死まで、骨太な筆致で描く伝記漫画。

ねにもつタイプ　岸本佐知子
何となく気になることにこだわる、ねにもつ。思索、奇想、妄想はばたく脳内ワールドをリズミカルな名短文でつづる。第23回講談社エッセイ賞受賞。

TOKYO STYLE　都築響一
小さい部屋が、わが宇宙。ごちゃごちゃと、しかし快適に暮らす、僕らの本当のトウキョウ・スタイルはこんなものだ！　話題の写真集文庫化！

自分の仕事をつくる　西村佳哲
仕事をすることは会社に勤めること、ではない。仕事を「自分の仕事」にできた人たちに学ぶ、働き方のデザインの仕方とは。（稲本喜則）

世界がわかる宗教社会学入門　橋爪大三郎
宗教なんてうさんくさい!?　でも宗教は文化や価値観の骨格であり、それゆえ紛争のタネにもなる。世界宗教のエッセンスがわかる充実の入門書。

ハーメルンの笛吹き男　阿部謹也
「笛吹き男」伝説の裏に隠された謎はなにか？　十三世紀ヨーロッパの小さな村で起きた事件を手がかりに中世における「差別」を解明。（石牟礼道子）

増補　日本語が亡びるとき　水村美苗
明治以来豊かな近代文学を生み出してきた日本語が、いま、大きな岐路に立っている。我々にとって言語とは何なのか。第8回小林秀雄賞受賞作に大幅増補。

子は親を救うために「心の病」になる　高橋和巳
子は親が好きだからこそ「心の病」になり、親を救おうとしている。精神科医である著者が説く、親子という「生きづらさ」の原点とその解決法。

クマにあったらどうするか　姉崎等　片山龍峯
「クマは師匠」と語り遺した狩人が、アイヌ民族の知恵と自身の経験から導き出した超実践クマ対処法。クマと人間の共存する形が見えてくる。（遠藤ケイ）

脳はなぜ「心」を作ったのか　前野隆司
「意識」とは何か。どこまでが「私」なのか。死んだら「心」はどうなるのか。――「意識」と「心」の謎に挑んだ話題の本の文庫化。（夢枕獏）

モチーフで読む美術史　宮下規久朗
絵画に描かれた代表的な「モチーフ」を手掛かりに美術を読み解く、画期的な名画鑑賞の入門書。カラー図版約150点を収録した文庫オリジナル。

本屋、はじめました 増補版　辻山良雄
リブロ池袋本店のマネージャーだった著者が、自分の書店を開業するまでの全て。その後のことを文庫化にあたり書き下ろした。（若松英輔）

ガケ書房の頃　完全版　山下賢二
京都の個性派書店青春記。２００４年の開店前からその後の展開まで。資金繰り、セレクトへの疑念など本音で綴る。帯文＝武田砂鉄（島田潤一郎）

わたしの小さな古本屋　田中美穂
会社を辞めた日、古本屋になることを決めた。倉敷の空気、古書がつなぐ人の縁、店の生きものたち……。女性店主が綴る蟲文庫の日々。（早川義夫）

ぼくは本屋のおやじさん　早川義夫
22年間の書店としての苦労と、お客さんとの交流。どこにもありそうで、ない書店。30年来のロングセラー！（大槻ケンヂ）

女子の古本屋　岡崎武志
女性店主の個性的な古書店が増えています。カフェを併設したり雑貨も置くなど、独自の品揃えで注目の各店を紹介。追加取材して文庫化。（近代ナリコ）

野呂邦暢　古本屋写真集　野呂邦暢　岡崎武志／古本屋ツアー・イン・ジャパン編
野呂邦暢が密かに撮りためた古本屋写真が存在する。２０１５年に書籍化された際、話題をさらった写真集が増補、再編集の上、奇跡の文庫化。

ボン書店の幻　内堀弘
１９３０年代、一人で活字を組み印刷し好きな本を刊行していた出版社があった。刊行人鳥羽茂と書物の舞台裏の物語を探る。（長谷川郁夫）

「本をつくる」という仕事　稲泉連
ミスをなくすための校閲。本の声である書体の制作。もちろん紙も必要だ。本を支えるプロに仕事の話を聞きにいく情熱のノンフィクション。（武田砂鉄）

あしたから出版社　島田潤一郎
青春の悩める日々、創業への道のり、編集・装丁・営業の裏話、忘れがたい人たち……「ひとり出版社」を営む著者による心打つエッセイ。（頭木弘樹）

ビブリオ漫画文庫　山田英生編
古書店、図書館など、本をテーマにした傑作漫画集。主な収録作家――水木しげる、永島慎二、松本零士、つげ義春、楳図かずお、諸星大二郎ら18人。

ぼくは散歩と雑学がすき　植草甚一

1970年、遠かったアメリカ。その風俗、映画、本、音楽から政治までをフレッシュな感性と膨大な知識、貪欲な好奇心で描き出す代表エッセイ集。

せどり男爵数奇譚　梶山季之

せどり＝掘り出し物の古書を安く買って高く転売することを業とすること。古書の世界に魅入られた人々を描く傑作ミステリー。（永江朗）

20ヵ国語ペラペラ　種田輝豊

30歳で「20カ国語」をマスターした著者が外国語の習得ノウハウを惜しみなく開陳した語学の名著であり、心を動かす青春記。（黒田龍之助）

ポケットに外国語を　黒田龍之助

言葉への異常な愛情で、外国語本来の面白さを伝えるエッセイ集。ついでに外国語学習が、もっと楽しくなるヒントもつまっている。（堀江敏幸）

英単語記憶術　岩田一男

単語を構成する語源を捉えることで、語の成り立ちを理解することを説き、丸暗記では得られない体系的な英単語習得を提案する50年前の名著復刊。

増補版 誤植読本　高橋輝次編著

本と誤植は切っても切れない!? 恥ずかしい打ち明け話や、校正をめぐるあれこれなど、作家たちが本音を語り出す。作品42篇収録。（堀江敏幸）

文章読本さん江　斎藤美奈子

「文章読本」の歴史は長い。百年にわたり文豪から一介のライターまでが書き綴った、この「文章読本」とは何ものか。第1回小林秀雄賞受賞の傑作評論。

読書からはじまる　長田弘

自分のために、次世代のために——。「本を読む」意味をいまだからこそ考えたい。人間の世界への愛に溢れた珠玉の読書エッセイ！（池澤春菜）

本は読めないものだから心配するな　管啓次郎

この世界に存在する膨大な本をめぐる読書論であり、ブックガイドであり、世界を知るための案内書。読めば、心の天気が変わる。（柴崎友香）

「読み」の整理学　外山滋比古

読み方には、既知を読むアルファ（おかゆ）読みと、未知を読むベータ（スルメ）読みがある。リーディングの新しい地平を開く目からウロコの一冊。

杉浦日向子ベスト・エッセイ　杉浦日向子
初期の単行本未収録作品から、若き晩年、自らの生と死を見つめた名篇までを、多彩な活躍をした人生の軌跡を辿るように集めた、最良のコレクション。

お江戸暮らし　杉浦日向子
江戸にすんなり遊べる幸せ。漫画、エッセイ、語りと江戸の魅力を多角的に語り続けた杉浦日向子の作品群から、精選して贈る、最良の江戸の入口。

向田邦子シナリオ集　向田邦子　向田和子編
いまも人々の胸に残る向田邦子のドラマ。「隣りの女」「七人の刑事」など、テレビ史上に残る名作、知られざる傑作をセレクト収録する。（平松洋子）

甘い蜜の部屋　森茉莉
天使の美貌、無意識の媚態。薔薇の蜜で男たちを溺れ死なせていく少女モイラと父親の濃密な愛の部屋。稀有なロマネスク。（矢川澄子）

貧乏サヴァラン　森茉莉　早川暢子編
オムレット、ボルドオ風茸料理、野菜の牛酪煮……。食いしん坊茉莉は料理自慢。香り豊かな〝茉莉ことば〟で綴られる垂涎の食エッセイ。文庫オリジナル。

紅茶と薔薇の日々　森茉莉　早川茉莉編
天皇陛下のお菓子に洋食店の味、庭に実る木苺……森鷗外の娘にして無類の食いしん坊、森茉莉が描く懐かしく愛おしい美味の世界。（辛酸なめ子）

遊覧日記　武田百合子　武田花・写真
行きたい所へ行きたい時に、つれづれに出かけてゆく。一人で。または二人で。あちらこちらを遊覧しながら綴ったエッセイ集。（巖谷國士）

ことばの食卓　武田百合子　野中ユリ・画
なにげない日常の光景やキャラメル、枇杷など、食べものに関する昔の記憶と思い出を感性豊かな文章で綴ったエッセイ集。（種村季弘）

クラクラ日記　坂口三千代
戦後文壇を華やかに彩った無頼派の雄・坂口安吾との、嵐のような生活を妻の座から愛と悲しみをもって描く回想記。巻末エッセイ＝松本清張

矢川澄子ベスト・エッセイ　妹たちへ　矢川澄子　早川茉莉編
澁澤龍彥の最初の夫人であり、孤高の感性と自由な知性の持ち主であった矢川澄子。その作品に様々な角度から光をあて織り上げる珠玉のアンソロジー。

わたしは驢馬に乗って下着をうりにゆきたい　鴨居羊子
新聞記者から下着デザイナーへ。斬新で夢のある下着を世に送り出し、下着ブームを巻き起こした女性起業家の悲喜こもごも。（近代ナリコ）

遠い朝の本たち　須賀敦子
一人の少女が成長する過程で出会い、愛しんだ文学作品の数々を、記憶に深く残る人びとの想い出とともに描くエッセイ。（末盛千枝子）

神も仏もありませぬ　佐野洋子
還暦……もう人生おりたかった。でも春のきざしの蕗の薹に感動する自分がいる。意味なく生きても人は幸せなのだ。第3回小林秀雄賞受賞。（長嶋康郎）

私はそうは思わない　佐野洋子
佐野洋子は過激だ。ふつうの人が思うようには思わない。大胆で意表をついたまっすぐな発言をする。だから読後が気持ちいい。（群ようこ）

色を奏でる　志村ふくみ・文　井上隆雄・写真
色と糸と織――それぞれに思いを深めて織り続ける染織家にして人間国宝の著者の、エッセイと鮮かな写真が織りなす豊醇な世界。オールカラー。

老いの楽しみ　沢村貞子
八十歳を過ぎ、女優引退を決めた著者が、日々の思いを綴る。齢にさからわず、「なみ」に、気楽に、と過ごす時間に楽しみを見出す。（山崎洋子）

おいしいおはなし　高峰秀子編
向田邦子、幸田文、山田風太郎……著名人23人の美味な思い出。文学や芸術にも造詣が深かった往年の大女優・高峰秀子が厳選した珠玉のアンソロジー。

パンツの面目ふんどしの沽券　米原万里
キリストの下着はパンツか腰巻か？　幼い日にめばえた疑問を手がかりに、人類史上の謎に挑んだ、抱腹絶倒&禁断のエッセイ。（井上章一）

新版　いっぱしの女　氷室冴子
時を経てなお生きる言葉のひとつひとつが、呼吸を楽にしてくれる――。大人気小説家・氷室冴子の名作エッセイ、待望の復刊！（町田そのこ）

真似のできない女たち　山崎まどか
彼女たちの真似はできない、しかし決して「他人」でもない。シンガー、作家、デザイナー、女優……唯一無二で炎のような女性たちの人生を追う。

兄のトランク　宮沢清六

兄・宮沢賢治の生と死をそのかたわらでみつめ、兄の死後も烈しい空襲や散佚から遺稿類を守りぬいてきた実弟が綴る、初のエッセイ集。

春夏秋冬　料理王国　北大路魯山人

一流の書家、画家、陶芸家にして、希代の美食家でもあった魯山人が、生涯にわたり追い求めて会得した料理と食の奥義を語り尽す。（山田和）

日本ぶらりぶらり　山下清

坊主頭に半ズボン、リュックを背負い日本各地の旅に出た〝裸の大将〟が見聞きするものは不思議なことばかり。スケッチ多数。（壽岳章子）

のんのんばあとオレ　水木しげる

「のんのんばあ」といっしょにお化けや妖怪の住む世界をさまよっていたあの頃——漫画家・水木しげるの、とてもおかしな少年記。（井村君江）

ねぼけ人生〈新装版〉　水木しげる

戦争で片腕を喪失、紙芝居・貸本漫画の時代と、波瀾万丈の人生を、楽天的に生きぬいてきた水木しげるの、面白くも哀しい半生記。（呉智英）

老いの生きかた　鶴見俊輔編

限られた時間の中で、いかに充実した人生を過ごすかを探る十八篇の名文。来るべき日にむけて考えるヒントになるエッセイ集。

老人力　赤瀬川原平

20世紀末、日本中を脱力させた名著『老人力』と『老人力②』が、あわせて文庫に！　ぼけ、ヨイヨイ、もうろくに潜むパワーがここに結集する。

東京骨灰紀行　小沢信男

両国、谷中、千住……アスファルトの下、累々と埋もれる無数の骨灰をめぐり、忘れられた江戸・東京の記憶を掘り起こす鎮魂行。（黒川創）

向田邦子との二十年　久世光彦

あの人は、あり過ぎるくらいあった始末におえない胸の中のものを誰にだって、一言も口にしない人だった。時を共有した二人の世界。（新井信）

東海林さだおアンソロジー
人間は哀れである　東海林さだお　平松洋子編

世の中にはびこるズルの壁、はっきりしない往生際……抱腹絶倒のあとに東海林流のペーソスが心に沁みてくる。平松洋子が選ぶ23の傑作エッセイ。

品切れの際はご容赦ください

ちくま文庫

わたしの小《ちい》さな古本屋《ふるほんや》

二〇一六年九月十日　第一刷発行
二〇二四年三月二十日　第五刷発行

著者　田中美穂（たなか・みほ）
発行者　喜入冬子
発行所　株式会社　筑摩書房
東京都台東区蔵前二―五―三　〒一一一―八七五五
電話番号　〇三―五六八七―二六〇一（代表）
装幀者　安野光雅
印刷所　中央精版印刷株式会社
製本所　中央精版印刷株式会社

ISBN978-4-480-43381-7 C0195